30時間でマスター

Windows 10 対応

Word & Excel 2019

実教出版

CONTENTS

1章 Windows10 の基礎

1. Microsoft Windows10とは ... 4
2. Windows10の起動と終了 ... 4
  1. Windows10の起動
  2. マウスの操作
  3. デスクトップの構成
  4. Windows10の終了
3. アプリの基本操作 ... 9
  1. アプリの起動
  2. アプリの画面構成
  3. ウィンドウの操作方法
4. 複数アプリの起動 ... 13
  1. マルチタスク
  2. Windowsアクセサリ
5. タスクバーの利用 ... 14
  1. アプリの切り替え
  2. サムネイルツールバー（縮小表示バー）
  3. 通知領域とアクションセンター
6. エクスプローラー ... 17
  1. エクスプローラーの起動
  2. エクスプローラーの画面構成
7. フォルダーの作成と削除 ... 20
  1. フォルダーの作成
  2. フォルダーの削除
8. ファイルの検索 ... 21
9. 便利な右クリック ... 23

2章 Word 入門

1. Word2019とは ... 24
2. Word2019の起動と終了 ... 24
  1. Word2019の起動
  2. Word2019の終了
3. Word2019の画面構成 ... 27
4. 日本語の入力 ... 28
  1. 入力方式の設定
  2. 入力モードの種類と切り替え方法
5. 文字の入力 ... 29
  1. キーボードの文字
  2. ひらがなの入力
  3. カタカナの入力
  4. アルファベットの入力
  5. 漢字変換
  6. 記号の入力（1）
6. 文章の入力 ... 35
  1. 文節変換
  2. 日本語の中の英字の入力
7. 入力の訂正 ... 38
  1. 変換前の訂正
  2. 変換後の訂正（未確定の場合）

  3. 変換後の訂正（確定後の場合）
  4. 文字の挿入と削除
8. 文書の入力 ... 40
  1. 文章の入力
  2. 文章の途中での改行（強制改行）
9. 文書の保存と読み込み ... 42
  1. 文書の保存
  2. 文書の読み込み
10. 文書の印刷 ... 44
  1. 用紙の設定
  2. 余白の設定
  3. 印刷プレビュー
  4. 印刷の実行
11. 特殊な入力方法 ... 49
  1. 記号の入力（2）
  2. 数式
  3. 手書き入力
  4. 住所の入力
  5. 顔文字
12. 単語登録 ... 56
  ●実習 ... 57

3章 Word の基礎

1. 複写・削除・移動 ... 60
  1. 複写
  2. 削除
  3. 移動
2. 編集機能（1） ... 66
  1. 書式設定
  2. 右揃え
  3. 中央揃え（センタリング）
  4. 箇条書き
3. 編集機能（2） ... 72
  1. フォントの変更
  2. フォントサイズの変更
  3. 下線（アンダーライン）
  4. 表の作成
  5. 均等割り付け
  6. ルビ
  7. 文字の網かけ
4. 表の編集 ... 82
  1. 行・列の挿入
  ●実習 ... 84

4章 Word の活用

1. アイコン・イラストの挿入 ... 86
  1. アイコンの挿入・サイズ変更・移動
  2. イラストの挿入・サイズ変更・移動

本書で使用するデータはhttps://www.jikkyo.co.jp/downlord/からダウンロードできます(「30時間でマスター Word & Excel」で検索を行ってください)。

Windows10，Office2019は，Microsoft Corporationの，その他，本書に掲載された社名および製品名は，各社の商標または登録商標です。また，掲載内容は初版時のものです。

2. 画像・テキストボックスの挿入 91
1. 画像の挿入
2. テキストボックスの挿入
3. インク機能 95
1. 描画タブの表示
2. インクの種類と設定方法
●実習 ──────────── 100

5章 Excel 入門

1. Excel2019 とは 102
2. Excel の起動と終了 102
1. Excel2019の起動
2. Excel2019の終了
3. Excel2019 の画面構成 103
4. データ入力の基礎 104
1. データの入力の手順
2. 数値のデータの入力
3. 文字列の入力
4. データの消去
5. ファイルの保存と読み込み
6. 印刷
5. 基本的なワークシートの編集 108
1. セルの挿入・削除
2. 移動・コピー
3. データの修正
4. 連続データの入力
5. 数式の入力
6. ワークシートの書式設定 117
1. 列幅と行の高さの変更
2. 表示形式
3. 文字の配置とフォント
4. 罫線・塗りつぶし
7. グラフの作成 123
1. グラフの用途と基本構成
2. 棒グラフの作成
3. 円グラフの作成
8. グラフの設定の変更 129
1. 系列の変更
2. 数値軸目盛の変更
3. グラフの種類の変更
4. データ系列の書式設定
5. 軸ラベルの設定
6. データラベルの設定
7. フォントの変更
●実習 ──────────── 135

6章 Excel の基礎

1. オート SUM の利用 144
1. 最大値・最小値(MAX・MIN)

2. 数値の個数(COUNT)
2. 関数の挿入 148
1. 順位づけ(RANK.EQ)
2. 四捨五入(ROUND)
3. 判定(IF)
4. 条件による集計(COUNTIF，SUMIF)
5. 表の検索(VLOOKUP)
●実習 ──────────── 164

7章 Excel の活用

1. データベース機能 170
1. 並べ替え
2. フィルター
3. 条件付き書式
4. テーブル
2. データの集計 185
1. ピボットテーブルの作成
2. クロス集計
3. フィルターの利用
3. 機能の活用 189
1. フラッシュフィル
●実習 ──────────── 191

8章 Word, Excel 間のデータ共有

1. Word と Excel の連携 196
1. コピーと貼り付け
2. スクリーンショット
●実習 ──────────── 206

付録 プログラミング入門

1. プログラム作成の準備 208
1. 開発タブの表示
2. マクロ作成の準備
2. 簡単なプログラムの作成と実行 210
1. マクロ作成
2. マクロ実行
3. プログラムの保存 211
4. プログラムの基本構造 213
1. 順次
2. 選択
3. 繰り返し
さくいん ──────────── 216
巻末資料 ──────────── 220

本書は2019年6月現在の状態のものをもとに作成しております。お使いの環境によっては掲載されている画面図と同じにならないものもあるかもしれませんが，上記のことをご賢察のうえ，あしからずご容赦ください。

Windows10 の基礎

1 Microsoft Windows10 とは

オペレーティングシステム
コンピューターを動かす基本ソフトウェアのこと。

　Microsoft Windows10とは，「Microsoft＝マイクロソフト」というアメリカの会社が作ったコンピューター用の**オペレーティングシステム（OS）**である。
　Windowは，日本語で「窓」という意味であるが，これは「画面」と考えてよく，したがって，Windowsとは「複数の画面」のことをいう。一度に複数の窓を開くことができ，それぞれの窓で，例えばワープロ，表計算，ゲームなど，いろいろなアプリを同時に使える。

2 Windows10 の起動と終了

1 Windows10 の起動

使う環境によっては，サインイン画面が表示されずに自動的にサインインされ，デスクトップ画面が表示される。

① コンピューターの電源を入れると，Windows10の起動画面が表示される。初期設定時にアカウントとパスワードを設定していると，サインインの画面が表示されるので，その情報を入力する。

② サインインすると，デスクトップの画面が表示される。

デスクトップ
Windowsでは，画面全体を机の上に見立てて**デスクトップ**と呼ぶ。基本的には作業領域のことを指していると考えてよい。

③ デスクトップ画面の左下にある ■ （**スタートボタン**）をクリックすると，スタート画面が表示される。

現在の最新バージョンは「1809」である。

4　1章　Windows10の基礎

2 マウスの操作

マウスには，Windows10の操作をするうえで重要な役割がある。マウスには左ボタンと右ボタンの2つのボタンがあり，ボタンを押すことでコンピューターにさまざまな指示を与えることができる。さらに2つのボタンの間に，ドキュメントやWebページを簡単にスクロールできる**スクロールホイール**があるものもある。マウスによってはスクロールホイールを押すと，第3のボタンとして機能させることもできる。

Windows10の画面では，机の上でのマウスの動きに対応して，矢印が動く。この矢印のことを**マウスポインター**と呼ぶ。

マウスの操作方法

タッチスクリーン用の操作は本書では扱わない。

クリック 画面に表示されている項目（絵・文字など）をマウスポインターで指し，マウスの左ボタンを1回**カチッ**と押すこと。	
ダブルクリック 項目をマウスポインターで指して，マウスの左ボタンを**カチッカチッ**とすばやく2度押すこと（マウスを動かさないように注意する）。	
ドラッグ 項目をマウスポインターで指して，左ボタンを**押したまま**マウスを動かすこと。	
ポイント 特定の項目にマウスポインターを合わせること。	
右クリック マウスの右ボタンを押すこと。 ショートカットメニューが表示されることが多い。	
ドラッグアンドドロップ マウスの左ボタンを押したままマウスを動かし，目的の場所でボタンを離すこと。	
スクロール マウス中央のホイールを回転させ，マウスポインターを動かさずに画面を上下させること。	

2 Windows10 の起動と終了　5

3 デスクトップの構成

画面左下端の  (**スタートボタン**)をクリックして，デスクトップにスタート画面が表示されている状態で説明する。

◆◆◆◆◆◆◆ **デスクトップの画面構成**

Windowsのバージョンは「1809」として説明する。

⑨スタートメニュー
⑧
⑦
⑥
⑤
④
③スタートボタン
⑫タイル　⑪スタート画面

①アイコン

アプリの機能を表す絵で，アプリを簡単に起動するための「スイッチ」になっている。マウスでアイコンを**ダブルクリック**すると，絵に該当するアプリが起動する。デスクトップには[**ごみ箱**]が表示されている。

ごみ箱
削除したファイルを一時的に保管しておく場所である。
ごみ箱を使うと，誤って削除してしまったファイルを元に戻すことができる。

②マウスポインター

Windowsを操作するとき，画面に表示された対象を選択する目印。マウスの動きに合わせて動き，操作の内容によって，形が変わる。

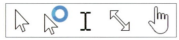

③スタートボタン

画面下にある  のボタンのこと。Windowsの機能や**アプリ**を起動したり，フォルダーやファイルを開いたりすることができる。Windowsのさまざまな操作の起点となる。

アプリとは，特定の目的を実現するためのソフトウェアのこと。たとえば，Wordは文書を作成するアプリである。

④電源

[**スリープ**]，[**シャットダウン**]，[**再起動**]の電源メニューを表示する。

⑤設定

[**設定**]画面を表示する。

⑥ピクチャ

[**ピクチャ**]のフォルダーを表示する。

⑦ドキュメント

[**ドキュメント**]のフォルダーを表示する。

⑧**アカウント**
　コンピューターのロックやサインアウト，別のアカウントへの切り替え，アカウントの画像の変更を行うメニューを表示する。
⑨**スタートメニュー**
　左側には**アプリの一覧**，右側には**スタート画面**が表示される。
⑩**アプリの一覧**
　コンピューターにインストールされているアプリの一覧が表示される。[**最近追加されたアプリ**]，[**よく使うアプリ**]，[**おすすめ**]，[**#**]，[**A**]などのグループごとにアプリがリストアップされる(コンピューターの環境によって表示が異なる)。
⑪**スタート画面**
　スタートメニューの右側にある，タイルが表示されている部分であり，タイルをグループ化できる。
⑫**タイル**
　アプリを起動するために利用する。アプリによっては最新情報などがタイルに表示される。

> アイコンなどが入ったボックスが，タイルのようにに並べられているので「タイル」と呼ぶ。

⑬**検索ボックス**
　文字を入力すると，インターネットで情報を検索したり，コンピューター内のアプリを探すことができる。

⑭**タスクバー**
　画面の最下部に表示されるバー。実行中のアプリや開いているフォルダーなどが表示される。アプリをすぐに起動するボタンを登録することができ，標準の状態では[**タスクビュー**]，[**Microsoft Edge**]，[**エクスプローラー**]，[**ストア**]，[**メール**]が登録されている。

> P.14 参照

⑮**通知領域**
　ネットワーク，音量のアイコン，時計などが表示される。^（[**隠れているインジケーターを表示します**]**ボタン**）が表示されていればクリックして，より多くの情報を確認できる。
⑯**アクションセンター**
　タスクバーの右端にある「吹き出しアイコン」で，アクションセンターに通知があると，アイコンに数字が付加される。

2　Windows10 の起動と終了　7

4 Windows10 の終了

電源オフには**スリープ**，**シャットダウン**の2つの方法がある。

① ［**スタート**］メニューを開き，［**電源**］をクリックする。

② ［**電源**］メニューが表示される。このリストの中から［**スリープ**］や［**シャットダウン**］を選び，クリックすることで，その処理が行われる。

スリープ

セッション
ログインしてからログアウトするまでの一連の操作。

　スリープとは，すばやく作業を再開できるように，セッションを一時的に保持してコンピューターを低電力状態にすることである。機種によっては，非動作状態が一定時間続くと自動的にスリープ状態になるものもある。

スリープ状態の解除

　スリープ状態を解除するには，コンピューター本体の電源ボタンを押せばよい。任意のキーを押しても解除できる。

シャットダウン

　シャットダウンとは，動いているプログラムをすべて閉じて，Windows10を終了してから，コンピューターの電源を切ることである。アプリの追加やアップグレードなどをする場合には，それらをコンピューターに反映させるために，一度シャットダウンをする。

参考◆……シャットダウンではなく，再起動をすることでも設定を反映させることができる。再起動すると，コンピューターを一度シャットダウンさせ，改めて起動させるという一連の流れを自動的にコンピューターが行ってくれる。

3 アプリの基本操作

Windows10で動作するアプリケーションの総称を**「アプリ」**と呼ぶ。Windows10には，標準でさまざまなアプリが搭載されている。

1 アプリの起動

ここでは，**メモ帳**を例に説明していく。

① ■（**スタートボタン**）をクリックし，マウスポインターを[**アプリの一覧**]とタイルの境界線に合わせると，アプリバーが表示されるので，下方向にスクロールさせ，マウスポインターを[**Windowsアクセサリ**]に合わせクリックする。

② [**Windowsアクセサリ**]に含まれるアプリの一覧が表示されるので，[**メモ帳**]を選択しクリックする。

> アルファベット順と五十音順にアプリが並んでいるので，Wの項までスクロールさせて選択する。

③ [**メモ帳**]のウィンドウが表示され，[**メモ帳**]の機能が利用できる。

2 アプリの画面構成

　実際に表示される内容はウィンドウによって異なるが，いくつかの点はすべてのウィンドウで共通している。たとえば，どのウィンドウも，画面の主要作業領域であるデスクトップ上に表示される。

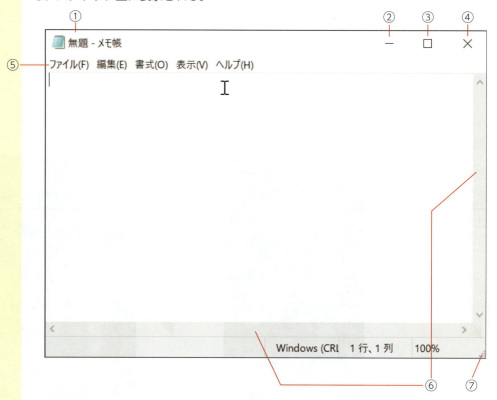

①タイトルバー
　使用しているアプリの名前（フォルダーを操作している場合はフォルダー名）と，そのファイル名が表示される場所。
②最小化ボタン
　ウィンドウを非表示にする。
③最大化ボタン
　ウィンドウを画面いっぱいに表示する。
④閉じるボタン
　ウィンドウを閉じる。
⑤メニューバー
　この領域に表示されている項目を選択することで，さまざまな機能を利用できる。
⑥スクロールバー
　バーを動かすことで，ウィンドウの表示内容をスクロールさせることができ，画面表示されていなかった情報を表示できる。
⑦境界線とコーナー（四隅）
　これらをマウスポインターでドラッグして，ウィンドウのサイズを変更する。

3 ウィンドウの操作方法

ここでは，ウィンドウの操作を学習しよう。

ウィンドウの移動

① マウスポインターをウィンドウ上部のタイトルバーに移動する。

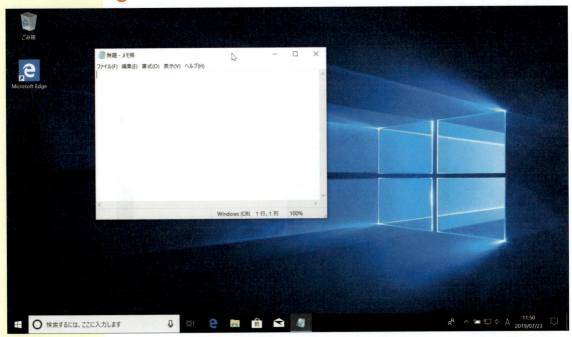

② ドラッグアンドドロップすることで，好みの位置にウィンドウを動かすことができる。マウスでウィンドウを持つような感じで行うとよい。

ウィンドウのサイズの変更（上下左右の拡大・縮小）

① ウィンドウのコーナー(四隅)にマウスポインターを移動させる。
② マウスポインターの形が  に変わったことを確認したら，そのままマウスをドラッグアンドドロップする。
③ マウスポインターの動きに合わせてウィンドウの枠が変化する。マウスでウィンドウを引っ張るような感じで行うとよい。

> 境界線でも同じようにウィンドウの大きさを変えることができる。
> 横枠をつかんだときは横幅を，縦枠をつかんだときは縦幅を変更させることができる。
>

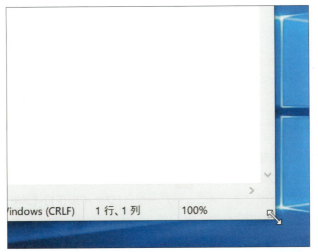

3 アプリの基本操作　11

◆◆◆◆◆ **画面からウィンドウを一時的に消す**

ウィンドウの右上にある ─ **(最小化ボタン)** をクリックすると，作業途中のままタスクバーにウィンドウを格納しておくことができる。

Windowsの起動直後，タスクバーにアプリの表示はないが，メモ帳を起動すると，以下のようなアイコンが出現する。

ウィンドウを元の状態に戻すには，タスクバー上のアイコンをクリックすればよい。

アプリが起動しているときは，タスクバーのアイコンにマウスポインターを合わせると，サムネイルが表示される。

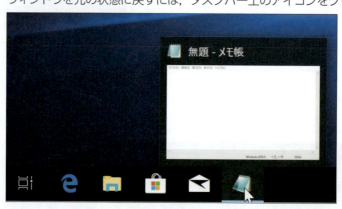

◆◆◆◆◆ **ウィンドウを画面いっぱいに広げる**

ウィンドウの右上にある □ **(最大化ボタン)** をクリックすると，そのウィンドウはディスプレイ全体に広がって表示される (**最大化**という)。

最大化されているウィンドウでは，最大化ボタンが  **(元に戻す(縮小)ボタン)** に変更される。このボタンをクリックすると，最大化する以前の大きさに戻る。

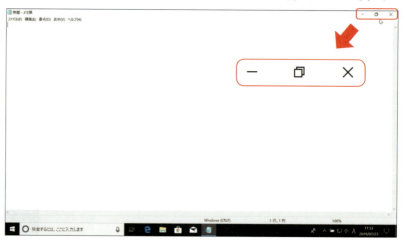

◆◆◆◆◆ **ウィンドウを閉じる**

ウィンドウの右上にある  **(閉じるボタン)** をクリックすると，アプリが終了し，ウィンドウが閉じる。メニューバーから **[ファイル(F)]-[メモ帳の終了(X)]** をクリックしても同じ結果になる。

4 複数アプリの起動

1 マルチタスク

Windows10は，画面上に複数のアプリを起動させ，切り替えながら作業することができる**マルチタスク**OSである。

「マルチ」は「複数の」，「タスク」は「仕事」という意味。

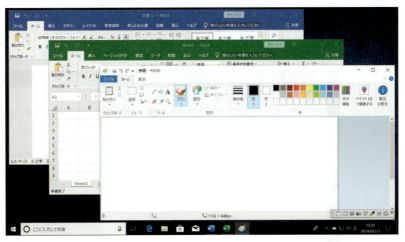

2 Windowsアクセサリ

スタートメニューの左側には，コンピューターにインストールされているすべてのアプリが登録されており，アルファベットと五十音順に表示される。一部のアプリはフォルダーにまとめられていて，フォルダー名の右側の ∨ をクリックすると，フォルダー内を表示できる。たとえば，Windows10に標準でインストールされている「ペイント」や「メモ帳」などは**[Windowsアクセサリ]**フォルダー，「エクスプローラー」や「コントロールパネル」などは**[Windowsシステムツール]**のフォルダーにまとめられている。

　[Windowsアクセサリ]の中に入っているアプリは，文書の作成や絵を描くなど，いろいろな作業を行うことができるので，ぜひ使ってみよう。よく使われるものを簡単に説明する。

① **Internet Explorer**
　Microsoft Edgeと同じようなWebブラウザーである。

② **ペイント**
　単純なお絵かきアプリ。初心者や小さな子どもでも楽しく絵を描くことができる。

③ **メモ帳**
　メモ書き程度の簡単な文書を作成するアプリ。

④ **ワードパッド**
　シンプルな機能のワープロアプリ。

参考◆……**[Windowsアクセサリ]**フォルダー内ではないが，音楽や映像，画像などのメディアを楽しむ**[Windows Media Player]**も登録されている。

4 複数アプリの起動　13

5 タスクバーの利用

1 アプリの切り替え

複数のアプリが起動しているとき，使いたいアプリを前面に出す必要がある。このときに使用するのがタスクバーである。ここでは，メモ帳とペイントが起動しているものとして説明する。

① タスクバー上の[**メモ帳**]のボタンをクリックすると，[**メモ帳**]のウィンドウが前面に出る。このとき，タスクバーのボタンの色が白っぽくなる。

> メモ帳ウィンドウのどこかをクリックしても前面に出すことができる。

2 サムネイルツールバー（縮小表示バー）

> **サムネイル**
> 大きなファイルを開かなくても，どんな画像や内容なのかがひと目でわかるように縮小画像で見せること。

サムネイルツールバーとは，起動中のアプリのウィンドウをサムネイルで表示する機能である。タスクバーでは，アプリがアイコンの一覧の形式で表示される。アプリのアイコンにマウスポインターを合わせると，サムネイルツールバーが現われ，現在ウィンドウで表示されている画面がサムネイルで表示される。このため，一つひとつウィンドウを開いて確認する必要はなく，簡単にアプリの状況が確認できる。

14　1章　Windows10の基礎

1つのアプリで複数のウィンドウを開いている場合，サムネイルツールバーには複数のサムネイルが並んで表示される。

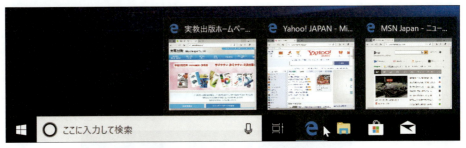

サムネイルツールバー上で表示させたサムネイルにマウスポインターを合わせると，ウィンドウを元のサイズに戻した状態でデスクトップ上に表示される機能を**フルスクリーンプレビュー**という。他のウィンドウは透過するので，ウィンドウの状況をより詳しく把握することができる。

また，サムネイルツールーバーにはアプリの操作を行うボタンが追加可能となっており，たとえば，Windows Media Playerの再生・停止のようないくつかの簡単な操作が追加できる。

5　タスクバーの利用　15

3 通知領域とアクションセンター

通知領域

タスクバーの右端には**通知領域**がある。音量やバッテリー残量，起動中のアプリ等のアイコンが並んでおり，アイコンをクリック，またはダブルクリックすることで，各機能の状態などを確認することができる。

これらのアイコンはタスクバーにつねに表示されるものと，ふだんは隠れていてボタン へ をクリックすることで見えるようになるものがある。

> コンピューターによっては，もっとたくさんのアイコンが並んでいることもあり，順番も異なることがある。

アクションセンター

Windows10では，新着メッセージやアプリからのお知らせが，画面の右下に「トースト」と呼ばれる長方形の通知が表示されることがある。IP電話の着信を表示したり，何らかの変更があったときに教えてくれる機能である。しかし，トーストは時間が経過すると消えてしまう。

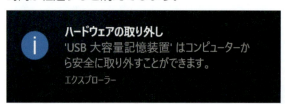

通知領域の ▭ (**アクションセンター**)をクリックすると，アクションセンターが開く。アクションセンターでは，システムやアプリからの通知をまとめて確認できるほか，下部にはネットワーク接続や，タブレットモードのオン／オフといった設定メニューが表示される。

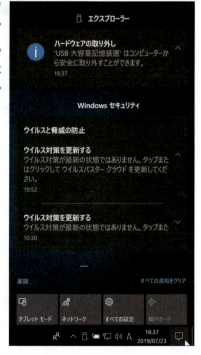

6 エクスプローラー

エクスプローラーとは，コンピューターに保存されているファイルやフォルダーなどを管理するウィンドウである。また，フォルダーやファイルの新規作成，移動，コピー，削除などのファイル関連の操作を行うこともできる。

1 エクスプローラーの起動

① タスクバーの[**エクスプローラー**]をクリックする。

② [**クイックアクセス**]フォルダーが表示される。

クイックアクセス
「よく使用するフォルダー」や「最近使用したファイル」がすぐに利用できる機能。

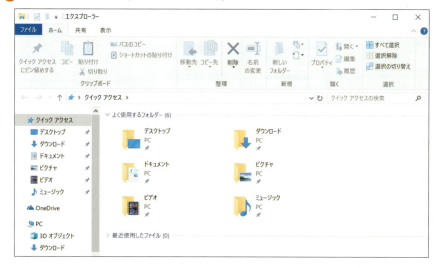

③ [**PC**]をクリックすると，「**デバイスとドライブ**」が表示される。

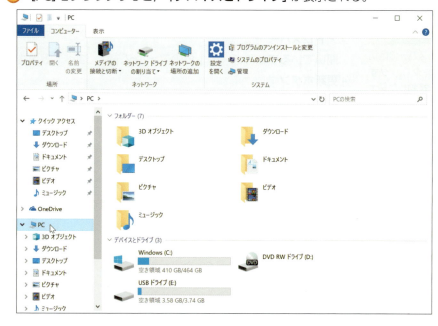

2 エクスプローラーの画面構成

エクスプローラーの画面の各部の名称と機能を確認しておこう。

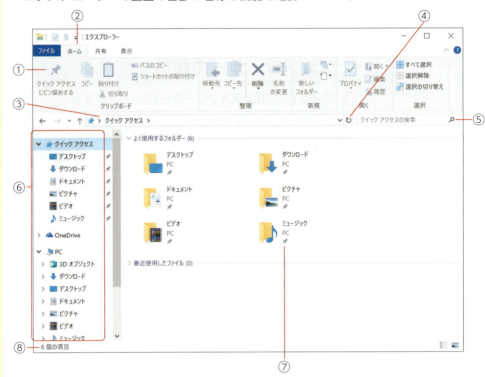

①リボン
　その場所でできる操作や利用できる機能などをまとめたもので，[ホーム][共有][表示]のそれぞれのタブをクリックすると，新しいフォルダーを作成したり，ファイルやフォルダーのコピーなどの機能が利用できる。

②タブ
　表示されているフォルダーで行える操作や利用できる機能が表示される。

③アドレスバー
　開いているフォルダーの上位のフォルダーが，すべて表示される。

④更新ボタン
　⑥や⑦に表示される内容など最新の情報に更新する。

⑤検索ボックス
　ファイルやフォルダーを検索するときに使う。

⑥ナビゲーションウィンドウ
　「クイックアクセス」や「One Drive」などがあり，その下には「PC」や「ネットワーク」が並んでいる。コンピューターで利用できるドライブやフォルダーを表示できる。

⑦フォルダーウィンドウ
　コンピューターのファイルやフォルダーを表示したり，操作したりできる。

⑧ステータスバー
　クリックしたフォルダー内のファイルの数やファイルのサイズなどが表示される。

アドレスバーの区切り▶をクリックすると，移動したフォルダーをすぐに選択できる。

18　1章　Windows10の基礎

参考◆各フォルダーの名前と用途

	クイックアクセス	よく使用するフォルダーや，最近使用したファイルなどが表示される
	デスクトップ	デスクトップにあるファイルやフォルダーが表示される
	ダウンロード	Webページからダウンロードしたファイルが保存されている
	ドキュメント	おもに文書ファイルが保存される
	ピクチャ	おもに画像ファイルが保存される
	ビデオ	おもに動画ファイルが保存される
	ミュージック	おもに音楽ファイルが保存される

参考◆おもなアイコン……Windows10ではファイル，フォルダー，プログラム，ハードウェアなどがすべてアイコンで表示される。特にアプリとそれに関連するファイルはそれを表す固有のアイコンで表示されるのですぐわかるようになっている。

	Windows10がインストールされているドライブ		ドライブ
	DVD-RWドライブ		プリンター
	テキスト文書		フォルダー（ファイルなし）
	フォルダー（ファイルあり）		ヘルプファイル

6　エクスプローラー　19

7 フォルダーの作成と削除

　フォルダーはファイルを保存するためだけではなく，整理する役割も担っている。ファイルを論理的にグループ分けしておけば，必要なファイルをすぐに見つけ出すことができる。また，フォルダーには，ファイルだけではなく他のフォルダーを保存することができる。フォルダー内に配置されたフォルダーを**サブフォルダー**という。作成できるサブフォルダーの数に制限はなく，各サブフォルダーには，ファイルや他のサブフォルダーをいくつも格納できる。

1 フォルダーの作成

　ここでは，練習として，デスクトップに自分の名前のフォルダーを作成してみよう。

① デスクトップ上の何もないところで，右クリックしてファイル操作メニューを表示させ，**[新規作成(X)]-[フォルダー(F)]** を選択し，クリックする。

② 新しいフォルダーが作成されるので，自分の名前を入力する。

練習1 学校の名前のフォルダーを作成してみよう。

2 フォルダーの削除

　フォルダーを削除するには，マウスポインターをフォルダーに合わせて右クリックして，**[削除(D)]** を選択すればよい。

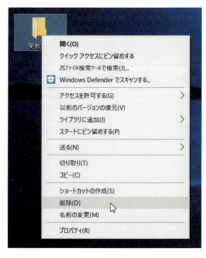

8 ファイルの検索

スタートメニューの検索ボックスが，インターネット上やコンピューター内のすべてのフォルダーやファイルを対象に検索するのに対して，エクスプローラーの検索ボックスは，選択している場所のフォルダーやファイルを対象に検索する。探しているファイルの場所がわかっているときには，エクスプローラーから検索したほうが検索時間を短縮できる。

ここでは，実教出版からダウンロードしたフォルダー「30HW&E_2019」が**[ダウンロード]** にコピーされているものとして説明する。

① 検索する場所を**[ダウンロード]** にして，検索ボックスをクリックする。

② 「白川郷」と入力すると，検索結果が表示される。

エクスプローラーで検索を実行すると，開いているフォルダーのさらに下の階層にあるフォルダー内のファイルも検索される。現在のフォルダーにあるファイルだけを検索したい場合は，②の画面で，**[検索]** タブの **[現在のフォルダー]** をクリックする。

❸ ここでは，「白川郷B」を選択する。サムネイルをダブルクリックすると画像が表示される。

参考◆……エクスプローラーは，条件を加えて検索することができる。文書の場合には，[**検索**]タブで[**分類**]-[**ドキュメント**]をクリックする。特定の種類のファイルだけを検索できる[**分類**]メニューのほかに，更新日時からファイルを絞り込む[**更新日**]や，ファイルサイズで絞り込む[**サイズ**]などのメニューがある。

9 便利な右クリック

　デスクトップ，タスクバー，各アプリ上でマウスの右ボタンをクリックするだけで，その場面で利用できる操作メニューが表示される。マウスポインターを少し動かすだけで操作できるので，作業効率が大幅に向上する。

〈スタートボタン〉

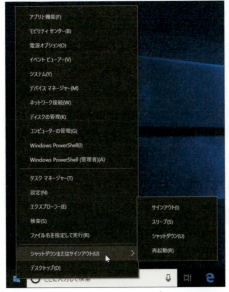

コマンドのクイックリンクが表示される。

〈デスクトップ上のアイコン〉

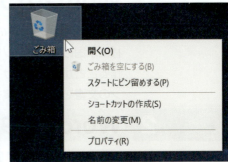

ごみ箱を右クリックすると，[開く(O)]，[ごみ箱を空にする(B)]などのメニューが表示される。

〈タスクバーのボタン上〉

関連の操作メニューやよくアクセスするサイトやファイルが表示される。

〈ボタンのないタスクバー上〉

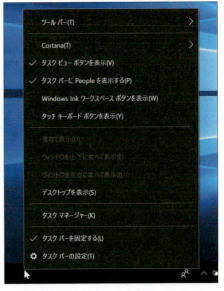

[ツールバー(T)]，[Cortana(T)]にはサブメニューが表示される。

2章 Word入門

Word2019は，機能が豊富であり，葉書の宛名と文面を作成する機能や文書をインターネット上で活用するための機能も備わっている。この章では，基本的な入力操作を学習する。

1 Word2019 とは

　Word2019は文書の作成や印刷を行うワープロソフトであり，Windows10と同様に米国のマイクロソフト社によって作られた。手書きに比べて，読みやすい文書を作ることができるだけではなく，手紙，論文，報告書や小冊子など，高品質なデザインの文書を作成，編集もできる。

2 Word2019 の起動と終了

　最初に，Word2019はどのようにすれば起動，終了できるのかを学習しよう。

1 Word2019 の起動

① スタート画面下の ■ (スタートボタン)をクリックして，スタートメニューの中にある[W]のグループを表示し， [Word]をクリックする。

② Word2019が起動し，スタート画面が表示されるので，[白紙の文書]をクリックする。

> Wordのスタート画面には，テンプレートと呼ばれる文書のひな形が表示され，この中から，作りたい文書のテンプレートを選ぶことができる。

③ Word2019の編集画面に白紙の文書が表示される。

> タスクバーには，Wordのボタンが表示される。

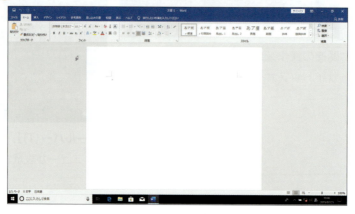

24　2章　Word入門

参考◆……Word2019をデスクトップから起動するには次のようにする。

① スタート画面にある  [Word]を右クリックする。

② [その他]-[タスクバーにピン留めする]をクリックする。

③ タスクバーにWordのボタンが表示され，デスクトップから起動できるようになる。

④ また，タスクバーからWordのボタンを削除するには，タスクバーのボタンを右クリックして[タスクバーからピン留めを外す]を選択する。

[アプリ] の一覧のWordを右クリックして出てくる [タスクバーからピン留めを外す] を選択してもよい。

2　Word2019の起動と終了　25

2 Word2019 の終了

① タイトルバーの ✕ (閉じる)をクリックする。

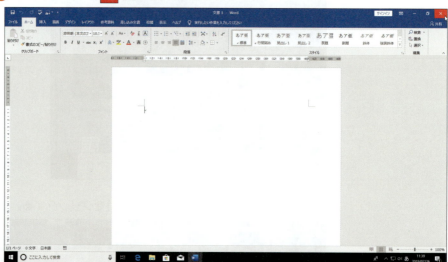

② 文字(スペースを含む)が入力されていると下記のようなメッセージが表示される。ここでは 保存しない(N) をクリックし，文書を保存せずに終了する。

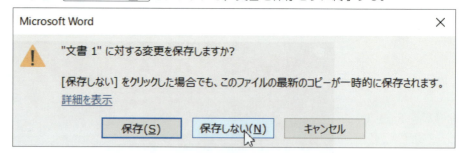

参考◆……終了するには，タスクバーの ｗ を右クリックして，[ウィンドウを閉じる]を選択してもよい。

3 Word2019の画面構成

Word2019の画面と各部の名称・機能は以下のようになっている。

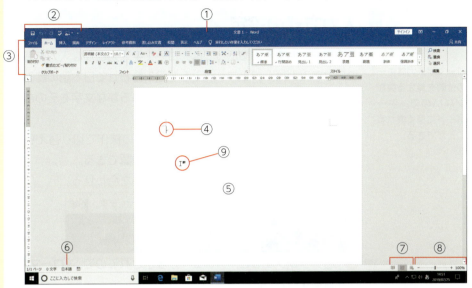

①**タイトルバー**…アプリ名と，作成中の文書名が表示される。

②**クイックアクセスツールバー**…■(上書き保存)，■(繰り返し)，■(スペルチェックと文章校正)を実行することができる。また，▼をクリックするとさまざまなコマンドを表すボタンを追加できる。

③**リボン**…目的に沿って構成されたタブがあり，それぞれがいくつかのグループに分類されている。コマンドを実行するには，マウスポインターをタブに合わせてクリックし表示されたコマンドボタンをクリックするか，クリックすると表示されるプルダウンメニューより選択する。右下にある ■ (**ダイアログボックス起動ツール**)をクリックすると，ダイアログボックスが表示され，操作を実行することも可能。

④**カーソル**…文字が入力される位置を示す。

⑤**文書ウィンドウ**…文書を入力する場所。

⑥**ステータスバー**…作業中の文書や選択しているコマンドの状態を表示する。

⑦**文書表示ボタン**…入力中の文書の表示を切り替えるときに使用する。

　■**閲覧モード**…全画面閲覧表示で文書を表示するとき。
　■**印刷レイアウト**…テキストなど，印刷時の配置を確認するとき。
　■**Webレイアウト**…Webページ用の文書を作成するとき。

⑧**ズームスライダー**…ドキュメントの表示倍率を設定する。

⑨**マウスポインター**…マウスの現在位置。作業状態によって変化する。

　■ 文書内にマウスポインターがあるとき。
　■ メニューバーやツールバーなどを選択しているとき。
　■ 文書ウィンドウの左側にマウスポインターがあるとき。この形のときクリックすると，文書を行単位で範囲選択できる。

4 日本語の入力

ここでは，Windows10の日本語入力システムMicrosoft IMEを利用する。

1 入力方式の設定

　文字を入力するにあたっては，ローマ字入力とかな入力を選択することができる。ローマ字入力は，アルファベットを組み合わせて日本語の読みを入力し，変換する方法である。かな入力は，キーボード上にあるかな文字をそのまま打鍵して入力・変換する方法である。

　2つの入力方式は，キーボードやマウスの操作で切り替えられる。入力方式がローマ字入力かかな入力かは，以下の手順で確認できる。

> ローマ字入力はキーの位置を覚える数が少ないので，キーボードに早く慣れることができる。

① 言語バーのボタンにマウスポインターを合わせる。

② 右クリックすると，メニューが表示されるので，[**ローマ字入力 / かな入力(M)**]を選択する。

設定されている入力方式の横に●が表示されている。

参考◆……ローマ字入力とかな入力を切り替えるには，[Alt]を押したまま[カタカナ]を押すと，次の画面が表示されるので，[**はい(Y)**]をクリックする方法でもできる。

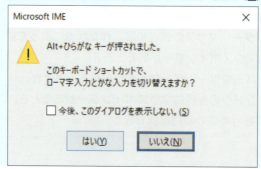

2 入力モードの種類と切り替え方法

アイコンの表示で設定済みの入力モードが確認できる。

IMEでは，「ひらがな」「全角カタカナ」「全角英数」「半角カタカナ」「半角英数」の5種類の文字入力モードがある。切り替えは，マウスの操作で行える。言語バーのボタンを右クリックすると，メニューが表示されるので，入力モードを選択してクリックする。

参考◆……よく使う[ひらがな(H)]と[半角英数(F)]は，マウス操作の他に，半角/全角や英数でも切り替えることができる。

参考◆……[変換モード(C)]は，キーボードから入力した文字を漢字などに変換するかどうかを選択する機能である。通常は[一般(G)]に設定されているが，[無変換(O)]を選択すると，押したキーの文字がそのまま画面に入力される。

5 文字の入力

1 キーボードの文字

Word2019を起動し，キーボードにある文字を実際に入力してみよう。
キーには最大4つの文字や記号が表示されている。これらは，Shiftや言語バーで入力モードを切り替えて，次のように使い分ける。

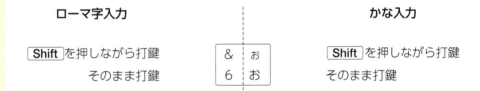

（例1） 次のように文字を入力し，改行しよう。

```
6 & お ぉ
```

ここでは文字列キーにある「6」を使用している。テンキー上にある「6」を使用したときは同じ結果にならない。

① 6のキーを押す。「6」が表示される。

```
6
```

② Enterを押す。文字の下にある点線が消え，入力した文字が確定する。

```
6
```

③ スペースを押す。空白が1つあく。

```
6
```

Caps Lockのオン／オフ
Shift + Caps Lockを押すと，英文字は大文字になる。解除するにはもう一度Shift + Caps Lock

④ Shiftを押しながら，同じ6のキーを押す。「6」の上段にある「&」が表示される。Enterを押し，確定する。

⑤ スペースを押す。空白が1つあく。

⑥ かな入力の状態にする。

⑦ ⑥ のキーを押す。「お」が表示される。Enter を押し，確定する。

> 6 ＆ お|

⑧ スペース を押す。空白が1つあく。

⑨ Shift を押しながら，同じ ⑥ のキーを押す。「お」の上段にある「ぉ」が表示される。Enter を押し，確定する。

⑩ もう一度 Enter を押す。改行され，カーソルは次の行に移動する。

練習2 **次の文字を入力しよう。**

> 9 ） ょ よ 8 （ ゅ ゆ 7 ' ゃ や 5 ％ え ぇ
> 4 ＄ う ぅ 3 ＃ あ ぁ 2 ” ふ 1 ！ ぬ 0 を わ

---

2 ひらがなの入力

ここではローマ字入力を前提に説明を行う。

(例2) 次の文字を入力しよう。

> なす　だいこん　らっきょう

「ん」の入力
「ん」の次の文字が子音（ＡＩＵＥＯの母音以外の文字）の場合にはＮが1つでも自動的に「ん」に変換される。

促音の入力
ＲＡＬＴＵＫＹＯＵ と1文字ずつ入力してもよい。この場合 ＬＴＵ が「っ」である。なお，ＬＴＵ のかわりに ＸＴＵ でもよい。

ひらがな小文字
先頭に Ｌ （Ｘ）をつける。

① ＮＡＳＵ と入力し，Enter を押して確定する。

② スペース を押す。空白が1つあく。

③ ＤＡＩＫＯＮＮ と入力し，Enter を押して確定する。
「ん」を入力するには，基本的に ＮＮ とキーを押す。

④ スペース を押す。空白が1つあく。

⑤ ＲＡＫＫＹＯＵ と入力し，Enter を押して確定する。
促音「っ」を入力するには，基本的に次に入力する文字を重ねる。この場合「きょ」と入力するので ＫＫＹＯ とキーを押す。「っきょ」と促音がついて入力される。

練習3 **次の文字を入力しよう。**

> はくさい　そらまめ　ほうれんそう　たまねぎ　きゅうり　かんぴょう
> かぶ　しょうが　さやえんどう　にら　ふき　かぼちゃ　いんげん
> もやし　かいわれだいこん　こまつな　しゅんぎく　ちんげんさい
> のざわな　せろり　れたす　みずな　あさり　あじ　あわび　いわし
> うなぎ　かつお　かわはぎ　かれい　さけ　さば　さわら　すずき
> どじょう　はも　ひらめ　ふぐ　ふな　ぶり　まぐろ　ます　わかさぎ
> あんず　すもも　びわ　どんぐり　みかん　ひいらぎ　かしわ　ききょう
> きり　かつら　さくら　もも　うめ　ひのき　くぬぎ　くり　もみじ
> みつまた　しゅろ　かえで　しらかば　たちばな　とちのき　けやき

3 カタカナの入力

（例3） 次の文字を入力しよう。

> ピンポン　フェンシング

サイドノート:
> カタカナ変換は
> スペースを押して
> 変換してもよい。一
> 般的に使用されてい
> る用語はたいてい変
> 換できる。ただし，
> 辞書にない特殊な用
> 語などを変換するに
> はF7を押す。

❶ P I N P O N N と入力する。

> ぴんぽん|

❷ F7を押す。全角カタカナに変換される。

> ピンポン|

❸ Enterを押して確定する。

❹ スペースを押して空白を1つあけ，F E N S H I N G U と入力する。

❺ F8を押す。半角カタカナに変換される。

❻ Enterを押して確定する。

> ﾌｪﾝｼﾝｸﾞ |

（例4） 次の文字を入力してみよう。

> バスケットボール

❶ B A S U K E T T O B O ― R U と入力する。

❷ F7を押してカタカナに変換し，Enterを押して確定する。

サイドノート:
> **ファンクション・キーによる変換**
> F7 → 全角カナ
> F8 → 半角
> F6 → ひらがな

> **長音「ー」**
> ＝ほ を押す。

練習4　次の文字を入力しよう。

> バドミントン　ソフトボール　ボクシング　カヌー　サッカー
> スポーツクライミング　ゴルフ　ホッケー　ボート　ラグビー　テニス
> バレーボール　レスリング

4 アルファベットの入力

（例5） 次の文字を入力しよう。

> DVD　Video

❶ D V D と入力する。

> d v d|

サイドノート:
> **全角英数の入力**
> F9を押す。

❷ そのままF9を押す。点線が実線に変わる。

> d v d

❸ さらにF9を押す。英大文字が表示される。

F9を押すたびに，文字がdvd → DVD → Dvdと変化する。

4　日本語の入力　31

英字のみを入力するのであれば，入力モードを変更したほうがよい。入力モードの変更は，言語バーのメニューから入力モードを選択してクリックする。

④ 「DVD」と表示されたところで Enter を押して確定する。

⑤ スペース を押す。空白が１つあく。

⑥ V I D E O と入力する。「ヴぃでお」と表示される。

ヴぃでお

⑦ F10 を押す。半角英小文字に変換される。

video

半角英数の入力
F10 を押す。

⑧ さらに F10 を押す。半角英大文字に変換される。
F10 を押すたびに，文字が video → VIDEO → Video と変化する。

⑨ 「Video」と表示されたところで Enter を押して確定する。

練習5 次の文字を入力しよう。

ATOK AMD BIOS CMOS CATV Acrobat ActiveX analog
applet blog byte click display media database default

5 漢字変換

(例6) 次の文字を入力しよう。

校正

① K O U S E I と入力する。

② スペース を押すと，漢字に変換される（表示される漢字は**辞書**の学習機能の状況に応じて異なる）。さらに スペース を押す。他の漢字が表示される。「校正」に変換されるまで スペース を押す。目的の漢字に変換されたところで Enter を押して確定する。

辞書
どのひらがな文字列をどのような漢字に変換するか記憶した部分があり，これを辞書と呼ぶ。

校正

1	構成
2	佼成
3	校正
4	厚生
5	公正
6	攻勢
7	更生
8	後世
9	抗生

各漢字の左側に表示されている番号を入力することで，目的の漢字を表示させることが可能である。

練習6 次の文字を入力しよう。

| 地震 | 自身 | 後援 | 公演 | 干渉 | 鑑賞 | 機関 | 気管 | 既刊 | 視覚 | 資格 |
| 対象 | 対称 | 塩化 | 円貨 | 温室 | 音質 | 感激 | 観劇 | 親権 | 真剣 | 新券 |

32 2章 Word入門

参考◆……IMEには，「予測入力」という機能が備わっていて，文字が入力されると，自動的に漢字などの変換候補が表示される。予測入力で表示された候補をそのまま使いたいときは，Tab や ↓ を押して選択する。

参考◆……同じ漢字変換をすると，学習機能が働き変換候補群は次のようになる。

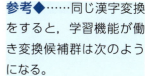

参考◆……変換候補が多い場合は，Tab を押すか，右下の » をクリックすると変換候補を一覧表示することができる。もう一度 Tab を押すか，右下の « をクリックすると表示は元に戻る。

参考◆……「厚生」のように右側にアイコンのついた変換候補を青色表示させると，同音異義語についてのコメントを表示させることができる。

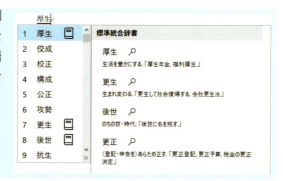

参考◆……一度確定した漢字も，キーボードにある 変換 を使うと再変換できる。再変換したい漢字をドラッグして選択するか，漢字の前後にカーソルを合わせて，変換 を押す。すると，再変換の候補が表示される。

4　日本語の入力　33

6 記号の入力（1）

(例7) 次の文字を入力しよう。

> ＆　〒

◆◆◆◆◆◆ **キーボードから入力**

① [Shift] を押しながら，[6] のキーを押すと「＆」が表示される。[Enter] を押して確定する。キーボード上にある記号は，この方法で入力することができる。

② [スペース] を押す。空白が1つあく。

◆◆◆◆◆◆ **読みで入力**

③ [Y][U][U][B][I][N][N]「ゆうびん」と入力する。[スペース] を押すと漢字に変換される。そのままさらに [スペース] を押すと「〒」の記号が表示される。目的の記号が表示されたところで [Enter] を押して確定する。記号の読み方がわかるときは，この方法で行う。

郵便		
1	〒	
2	郵便	
3	🏣	[環境依存]
4	ゆうびん	
5	🏣	[環境依存]
6	🏤	[環境依存]
7	〒	[環境依存]
8	ユウビン	»

参考◆……読みを入力することにより表示できる記号は，他にもいろいろある。

読み	記号	読み	記号
まる	● ○ ◎ ① ② ③	しかく	■ □ ◆ ◇
さんかく	△ ▲ ▽ ▼ ∴ ∵	やじるし	→ ← ↓ ↑ ⇒ ⇔
ほし	★ ☆ ※ ＊	かっこ	〔 〕（ ）〈 〉《 》
へいせい	㍻	しょうわ	㍼
かぶしきがいしゃ	㈱	ゆうげんがいしゃ	㈲

```
──  ●記号の名称●  ──

－…ハイフン            ［…始め大カッコ          ；…セミコロン
＠…アットマーク          ］…終わり大カッコ        ，…カンマ
：…コロン             ／…スラッシュ           ！…感嘆符
．…ピリオド            ＃…ナンバー記号          ＄…ドル記号
"…ダブルクォート左       ＆…アンパサンド          '…シングルクォート左
"…ダブルクォート右       ｜…縦線              '…シングルクォート右
％…パーセント記号        ＊…アスタリスク          ｛…始め中カッコ
？…疑問符             ＿…アンダースコア         ｝…終わり中カッコ
＾…サーカムフレックス      ￥…円記号             ～…チルダ
```

34　2章　Word入門

6 文章の入力

1 文節変換

変換の区切りを「文節」と呼ぶ。候補一覧は文節ごとに表示されるので，複数文節をまとめて変換する場合は，変換対象の文節を移動しながら変換する。

(例8) 次の文字を入力しよう。

> 栄養を摂る。

> 学習機能によって，表示される結果がこの例とは異なる場合がある。
>
> **「。」の入力**
> 句点「。」は［＞。／．る］を押す。

① 「えいようをとる。」と入力する。

> えいようをとる。

② ［スペース］を押す。文章全体が変換される。

> 栄養を取る。

③ ［→］を押すか，「取る」をクリックして，太い下線を「取る」に移動させる。

> 栄養を取る。

④ もう一度，［スペース］を押して，候補一覧を表示する。

⑤ ［スペース］または［↓］［↑］を押して，「摂る」を選択し，［Enter］を押して確定する。

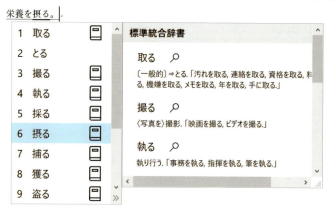

（例9） 次の文章を入力しよう。

```
今日歯医者に行く。
今日は医者に行く。
```

❶ 「きょうはいしゃにいく。」と入力する。

```
きょうはいしゃにいく。
```

❷ スペース を押す。文章全体が変換される。太い下線の部分が変換対象になっている文節である。

> 辞書の環境によって変換の状態が違ってくる。

```
今日は医者に行く。
```

❸ Shift を押しながら ← を押す。文節の区切りが変わる。

```
きょうは医者に行く。
```

❹ スペース を押す。文章全体が再び変換される。

> 現在選択されているところは背景が青になる。← → キーを使って区切りたいところまで選択する。

```
今日は医者に行く。
```

❺ → を押すと次の文節へ移動する。 Shift を押しながら → を 2 回押す。文節の区切りが変わる。

```
今日はいしゃに行く。
```

❻ スペース を押す。正しく変換されないときには，さらに スペース を押す。文節ごとに正しく変換されるようにする。→ を押すと次の文節へ移動する。

```
今日歯医者に行く。
1  歯医者
2  敗者
3  廃車
4  配車
5  拝謝
6  背斜
7  排砂
8  はいしゃ
9  ハイシャ  »
```

❼ すべて正しく変換されたときには Enter を押して確定する。

❽ 次に「今日は医者に行く。」と変換してみよう。改行して文字を入力する。スペース を押す。文章全体が変換され，さきほどの文字が最初に表示される。

```
今日歯医者に行く。
きょうはいしゃにいく。
```

```
今日歯医者に行く。
今日歯医者に行く。
```

⑨ 文節の区切りを変えるため Shift を押しながら → を押す。

> 今日歯医者に行く。
> きょうはいしゃに行く。

⑩ スペース を押して，「今日は」を選択し， Enter を押して確定する。

> 今日歯医者に行く。
> 今日は医者に行く。

2 日本語の中の英字の入力

(例10) 次の文章を入力しよう。

> 数学者 Gauss について調べる。

① 「すうがくしゃ」と入力する。

> すうがくしゃ

② Shift を押したまま G A U S S の5つのキーを押し，「GAUSS」を入力する。

> すうがくしゃ GAUSS

③ Shift をはなし，「についてしらべる。」を入力する。

> すうがくしゃ GAUSS についてしらべる。

④ スペース を押す。文章全体が変換される。

> 数学者 GAUSS について調べる。

⑤ → を押して，「GAUSSに」を選択し， スペース を押す。「Gaussに」を選択し，確定する。

> 数学者 Gauss について調べる。
>
> 1 GAUSSに
> 2 **Gaussに**
> 3 ＧＡＵＳＳに
> 4 ｇａｕｓｓに
> 5 Ｇａｕｓｓに
> 6 gaussに
> 7 ＧＡＵＳＳﾆ »

練習7 「科学者Newtonの業績を調べる。」と入力しよう。

6 文章の入力 37

7 入力の訂正

ここでは誤って入力した場合の訂正方法について学習する。
(例11) 次の文章になるよう，誤った入力を訂正してみよう。

> あなたは知っている。

1 変換前の訂正

◆◆◆◆◆◆ Back Space キーを使う場合

① 誤って「あなたははしっている。」と入力したとする。

> あなたははしっている。|

② 「あなたはは」の後ろまでカーソルを移動する。

> あなたはは|しっている。

直前の文字の消去
Back Space
を押す。

③ Back Space を押す。左にカーソルが移動し，1文字削除される。

> あなたは|しっている。

④ スペース を押して変換する。

◆◆◆◆◆◆ Delete キーを使う場合

① 誤って「あなたははしっている。」と入力したとする。
② 「あなたは」の後ろまでカーソルを移動する。

> あなたは|はしっている。

直後の文字の消去
Delete を押す。

③ Delete を押す。右にカーソルが移動し，1文字削除される。

> あなたは|しっている。

④ スペース を押して変換する。

2 変換後の訂正（未確定の場合）

① 誤って「あなたははしっている。」と入力し変換したとする。

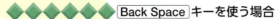
> あなたは走っている。|

② Esc を2度押す。変換前の状態に戻る。

> あなたははしっている。|

③ Back Space または Delete で不要な文字を削除したあと，再び変換する。

38　2章　Word入門

3 変換後の訂正（確定後の場合）

① 誤って「あなたははしっている。」と入力後，変換し確定したとする。

> あなたは走っている。|

② すべての文字をドラッグし，選択する。

> あなたは走っている。

③ スペース を押すと，未確定の状態に戻り，再び変換が
可能な状態になる。

あなたは走っている。

1	あなたは
2	貴方は
3	アナタハハシッテイル。
4	あなたははしっている。
5	貴女は
6	彼方は
7	アナタは
8	貴男は

④ Esc を3度押す。変換前の状態に戻る。

> あなたははしっている。|

⑤ Back Space または Delete で不要な文字を削除したあと，再び変換する。

4 文字の挿入と削除

① 誤って「あなたははしっている。」と入力後，変換し確定したとする。

> あなたは走っている。|

長文を入力後，まとめて削除したい場合には，不要な文をドラッグして選択する。その状態で Delete を押す。

② 「あなたは」のあとにカーソルを移動し，不要な「走」を Delete で削除する。

> あなたは|っている。

③ 「は」と「っ」の間にカーソルを置き，「知」という文字を入力すると文字が挿入される。

練習8 次の文章を入力しよう。

読点「、」の入力
読点「、」は 〈 ，ね 〉を押す。

> 箸を取ってください。
> 裏庭には、二羽鶏がいる。
> 美術館で絵画鑑賞する。
> 貴社の記者は汽車で帰社した。
> 書は精読を貴び、多く貪るを貴ばず。
> 腹八分に病なし、腹十二分に医者たらず。
> 未来を予測する最善の方法は、自らそれを創りだすことである。
> 最高の授業には最高の教師と最高の生徒が必要である。
> 学生時代に大事なのは、何を学んだかではなくて、どうやって学んだかということ。

7 入力の訂正 39

8　文書の入力

　これまでの練習で，入力・変換の操作にもだいぶ慣れてきたと思うので，ここでは少し長い文章の入力をしてみよう。文章の入力では，それが長くても2 ～ 3文節ずつに区切って入力・変換を繰り返すと効率がよい。

「三四郎」 例題1

次の文章を入力しよう。

（ファイル名：三四郎）

　　男は例のごとく、にやにや笑っている。そのくせ言葉つきはどこまでもおちついている。どうも見当がつかないから、相手になるのをやめて黙ってしまった。すると男が、こう言った。「熊本より東京は広い。東京より日本は広い。日本より……」でちょっと切ったが、三四郎の顔を見ると耳を傾けている。「日本より頭の中のほうが広いでしょう」と言った。「とらわれちゃだめだ。いくら日本のためを思ったって贔屓の引き倒しになるばかりだ」。

　　この言葉を聞いた時、三四郎は真実に熊本を出たような心持ちがした。同時に熊本にいた時の自分は非常に卑怯であったと悟った。

　　その晩三四郎は東京に着いた。髭の男は別れる時まで名前を明かさなかった。三四郎は東京へ着きさえすれば、このくらいの男は到るところにいるものと信じて、べつに姓名を尋ねようともしなかった。（夏目漱石「三四郎」より抜粋）

1　文章の入力

　例題1を入力してみよう。2 ～ 3文節ずつに区切って入力することにする。

① スペース を1回押して，「おとこはれいのごとく、」と入力する。

> おとこはれいのごとく、
> ――――――――――――
> 男は例のごとく、　　　　　　　　　　　× ♪
> "otokohareinogotoku,"
> Tab キーで予測候補を選択

② スペース を押して漢字に変換する。

> 男は例のごとく、

③ 正しく変換されていれば，Enter を押して確定する。← → で文節を変更して変換し，確定する。（カーソルを移動すると，その文節の下線が太線になり，変換対象となる。）

> 男は例のごとく、

文節切れ目の変更
Shift を押しながら ← → で調整する。

40　2章　Word入門

④ 続けて「にやにやわらっている。」と入力する。

> 男は例のごとく、にやにやわらっている。

⑤ ②と同様に，[スペース]を押して漢字に変換する。

> 男は例のごとく、にやにや笑っている。

⑥ ③と同様にして確定する。

> 男は例のごとく、にやにや笑っている。

⑦ 以下，続けて最後まで入力する。
入力した文字が画面の右端まで来ると，自動的に次の行に折り返されるようになっている。そのため，長い文章を入力していくと，文章は自動的に右端で折り返されて，次の行の左端から文字が表示される。

2 文章の途中での改行（強制改行）

最終行にある（夏目漱石「三四郎」より抜粋）を改行してみよう。
① カーソルを10行11列（夏目漱石「三四郎」より抜粋）の前に移動する。
② [Enter]を押すと，次のように改行される。

> ようともしなかった。
> （夏目漱石「三四郎」より抜粋）

③ 改行を取り消す場合には……カーソルを10行11列の ↵ に合わせ，[Delete]を押すと，改行が取り消され元に戻る。あるいは，カーソルを行のはじめの文字に合わせて，[Back Space]を押す。

参考◆……[Enter]を押して表示される改行の段落記号は，編集画面だけに表示される特別な記号である。そのため印刷を実行しても紙には出力されない。

参考◆……改行で行を送らずに，目的の位置にマウスでカーソルを移動し，ダブルクリックすると自動的に改行の段落記号が挿入され，その位置に文字が入力できるようになる。

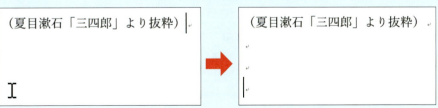

9 文書の保存と読み込み

せっかく苦労して作成した文章も，電源を切ると消えてしまう。そこで必要な文書は必ず保存しておかなければならない。ここでは，ドキュメントへの保存方法を学習しよう。

1 文書の保存

❶ [ファイル]をクリックする。

❷ 左端に表示されるメニューから[名前を付けて保存]をクリックすると「名前を付けて保存画面」が表示されるので，[ドキュメント]をクリックする。

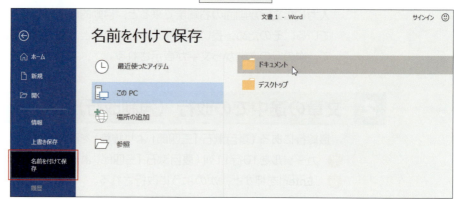

❸ [名前をつけて保存]ダイアログボックスが表示されるので，保存場所がドキュメントになっていることを確認する。

❹ [ファイル名(N)]のボックスに仮のファイル名が表示されるので，新たに「三四郎」と入力する。さらに[保存(S)]をクリックすると，文書が保存される。

参考◆**上書き保存**……名前を付けて保存した文書を再び編集した場合には，[**ファイル**]-[**上書き保存**]とクリックすれば，編集後の状態で保存される。

2 文書の読み込み

　一度作成した文書を再び編集したい場合に，その文書が保存されていればいつでも画面に読み込んで再編集することができる。ここでは，Wordを一旦終了させてから，ファイル名「三四郎」を呼び出してみよう。

❶ Wordを終了する。
❷ Wordをもう一度起動する。
❸ 画面左側の 📂 (**開く**) をクリックすると，「開く」画面が表示されるので，📂 参照 をクリックする。

> 「最近使ったファイル」の中に開きたいファイルがあるときは，それを直接選んでもよい。

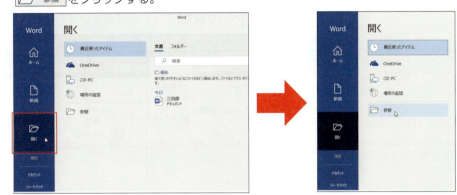

　「最近使ったファイル」の中に開きたいファイルがあるときは，それを直接選んでもよい。

❹ [**ファイルを開く**] ダイアログボックスが表示されるので，保存場所であるドキュメントの内容が表示されていることを確認し，読み込みたい文書のファイル名（この場合は「三四郎」）をクリックし，さらに 開く(O) をクリックすると指定した文書が呼び出される。

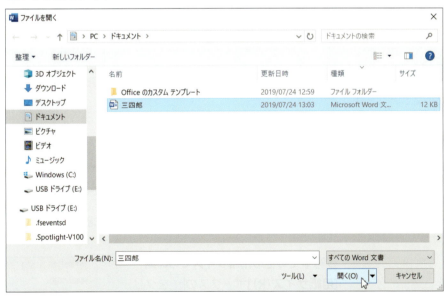

> ファイル名をダブルクリックしてもファイルが開かれる。

参考◆ほかの場所からの読み込み……各種ディスクなど他の保存場所から文書を呼び出す場合には，[**PC**]をクリックしてから呼び出す機器を選び，文書名を表示させて文書を呼び出す。

9　文書の保存と読み込み　43

10 文書の印刷

例題１で入力した文書「三四郎」を用紙に印刷してみよう。

1 用紙の設定

ここでは，A4判の用紙に印刷することにする。なお，用紙設定を文書作成後に変更すると，印刷がイメージと異なることがあるので，用紙設定後にイメージ通りに編集してから印刷するとよい。

① 保存してある「三四郎」を開き，画面に表示する。
② [レイアウト]-[ページ設定]ダイアログボックス起動ツールをクリックする。

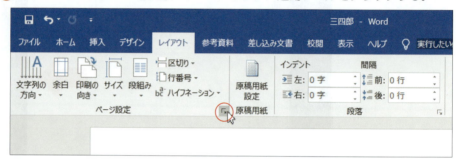

> ダイアログボックス起動ツールとは ▫ のこと。

③ [ページ設定]ダイアログボックスが表示されるので，[用紙]タブをクリックし，[用紙サイズ(R)]が「Ａ４」となっていることを確認する。

④ OK をクリックすると用紙が「Ａ４」判に設定され，文章入力画面に戻る。

参考◆その他の用紙サイズでの印刷……
[用紙サイズ(R)]ボックスの ⌄ をクリックし，ドロップダウンリストの中から希望する用紙サイズを選択すればよい。

44　2章　Word入門

2 余白の設定

用紙の上下左右にある，文字などが印刷できない(させない)部分を余白という。

① [**レイアウト**]-[**ページ設定**]ダイアログボックス起動ツールをクリックする。

② [**ページ設定**]ダイアログボックスが表示されるので，[**余白**]をクリックすると余白を設定する画面となる。

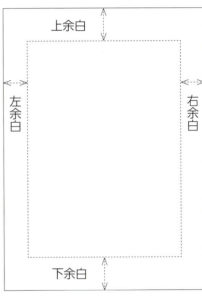

③ [**上(T)**]のボックスをクリックして「30 mm」と入力する。
④ [**下(B)**]のボックスをクリックして「40 mm」と入力する。
⑤ [**左(L)**]のボックスをクリックして「40 mm」と入力する。
⑥ [**右(R)**]のボックスをクリックして「40 mm」と入力する。

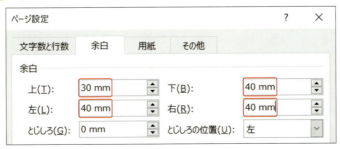

⑦ [OK]をクリックすると余白が設定され，入力画面に戻る。

10 文書の印刷 45

3 印刷プレビュー

　作成した文書を印刷する前に，その印刷イメージを画面に表示して確認することができる。このことを，**印刷プレビュー**という。設定した用紙サイズや余白に近い形で表示されるので，細部の調整をするのに便利である。

❶　[**ファイル**]-[**印刷**]とクリックすると，次のような印刷時のレイアウトが表示され，全体のイメージが確認できる。

❷　印刷プレビューは小さく表示されるので，右下のルーラーをドラッグし，右にスライドすると，印刷プレビュー画面の大きさを変更することができる。

❸　100％に変更すると，印刷レイアウトに近いサイズで表示される。

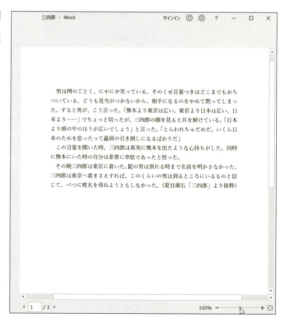

❹　⇦をクリックすると，入力編集画面に戻る。

46　2章　Word入門

4 印刷の実行

では，実際に印刷をしてみよう。

① [ファイル]-[印刷]をクリックすると印刷画面が表示される。
② をクリックすると印刷が開始される。

練習9 余白等の印刷スタイルを変更して，印刷してみよう。

参考◆ページ番号の設定……各ページに通し番号をつける場合には，ページ番号を挿入する。挿入した番号は，文書の上部（ヘッダー）または下部（フッター）に表示することができる。ここでは，文書下部に番号を設定してみる。

① ページ番号を表示したい文書を呼び出す。（ここでは「三四郎」として説明する）
② [挿入]-[ページ番号]-[ページの下部(B)]とクリックすると，ページ番号のドロップダウンリストが表示されるので，「シンプル」の[番号のみ2]をクリックする。

③ ページ下部のフッター内中央にページ番号が表示される。

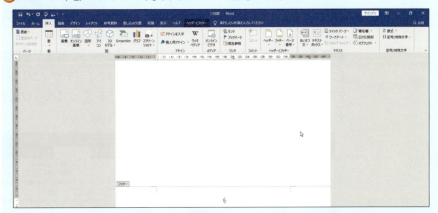

④ 表示されたリボンの中にある[ヘッダーとフッターを閉じる]をクリックすると，入力編集画面に戻る。

10 文書の印刷 47

参考◆ページ番号の削除

① [挿入]-[ページ番号]-[ページ番号の削除(R)]をクリックすると，ページ番号が削除される。

参考◆ページ番号の編集

① [ページ番号]-[ページ番号の書式設定(F)]-をクリックする。

② [ページ番号の書式]ダイアログボックスが表示される。ここで番号書式や開始番号を変更することにより，ページ番号の書式編集や開始番号の設定が可能である。

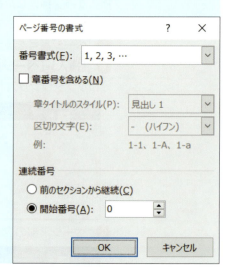

参考◆ページ番号の編集2

……先頭ページにページ番号が必要ない場合には，**[挿入]**-**[フッター]**-**[フッターの編集(E)]** とクリックし，**[デザイン]** の中の「先頭ページのみ別指定」にチェックを入れる。その後で，上記 ② の**[ページ番号の書式]** ダイアログボックスを呼び出し，開始番号を「0」にすればよい。

11 特殊な入力方法

ここでは，通常の変換では呼び出せない文字や記号を入力する方法について学習しよう。

クイズ選手権予選問題　例題2

次のようなクイズの問題を入力しよう。

（ファイル名：クイズ選手権予選問題）

♡◇クイズ選手権予選問題♤♧

ア　よく「火事場の馬鹿力」といいますが、いったい、いざとなったとき、人間は何倍ぐらいの力が出るのでしょうか。【　】に○をつけてください。
　　【　】２～３倍くらい
　　【　】５～６倍くらい
　　【　】１０倍くらい
イ　$\frac{1}{2} \div \frac{1}{3}$ を計算しなさい。

ウ　福井県の南越前町にあった杣山城は誰の居城でしたか。人物に○をつけてください。
　　藤原惺窩　　　釈迢空　　　瓜生衡　　　平田篤胤

1 記号の入力（2）

ここでは，文中の「♡」のマークを入力してみよう。

記号と特殊文字
Ω

① [挿入]タブの Ω (記号と特殊文字)をクリックする。

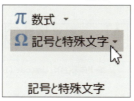

② 記号の一覧が表示されるので，[その他の記号(M)]をクリックする。

11　特殊な入力方法　49

❸ 次のように[記号と特殊文字]ダイアログボックスが表示される。

使う環境によって表示項目が異なる。

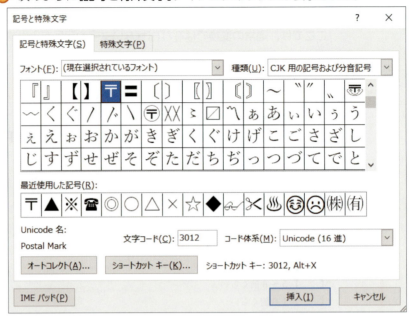

❹ ハートの記号♡を選び，クリックすると，♡と反転表示される。

見つからない場合は[**文字コード（C）**]に 2661 を入力する。

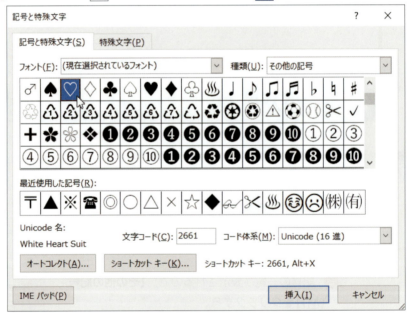

❺ [挿入(I)]をクリックすると，文書中にハートの「♡」が表示される。
❻ [閉じる]をクリックして，文書画面に戻る。

練習10 次の記号を入力しよう。

文字コード　3020　2702　2668　260E　2603　2660　3004

2 数式

ここでは，文中の数式を入力してみよう。

数式

① [挿入]の 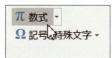 (数式)をクリックする。

② [数式]タブが表示され，本文中には「ここに数式を入力します。」が表示される。

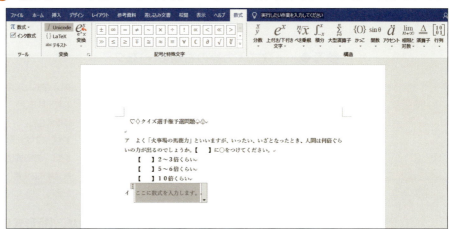

プレースホルダー
正式な値が入るまで一時的に場所を確保しておく措置のこと。

③ [数式]の[分数]を選択し，クリックする。プレースホルダーの一覧が表示されるので，[分数(縦)]をクリックする。

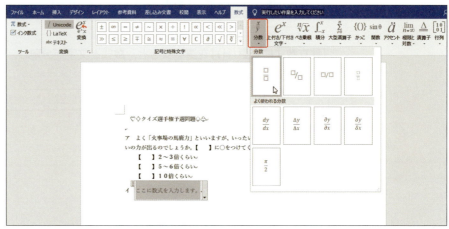

④ 「ここに数式を入力します。」の部分に，分数の記号が表示されるので，点線の中をクリックして，半角数字の1と2を入力し，カーソルを一番右側に移動する。

⑤ [記号と特殊文字]から「÷」を入力して，同じように分数を追加する。

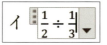

11 特殊な入力方法　51

⑥ 数式入力の枠の外側をクリックして，スペースを入力する。

$$\text{イ} \quad \frac{1}{2} \div \frac{1}{3}$$

⑦ 続けて，「を計算しなさい。」を入力する。

$$\text{イ} \quad \frac{1}{2} \div \frac{1}{3} \quad \text{を計算しなさい。}$$

参考◆……数式入力枠の右側の▼をクリックして，表示形式を変更することができる。

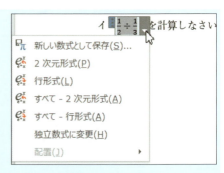

現在表示されている形式は 2 次元形式であるが，**[行形式(L)]** を選択すると，次のような表示になる。

$$\text{イ} \quad 1/2 \div 1/3 \quad \text{を計算しなさい。}$$

[独立数式に変更(H)] を選択すると，数式と文字が分離し，数式の配置を変更することができる。

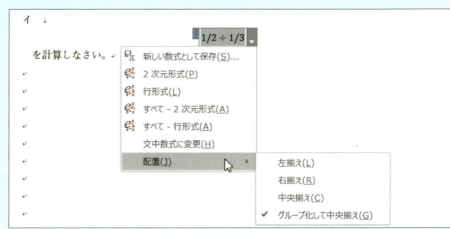

参考◆……**[挿入]** の π **(数式)** の▼をクリックすると，組み込まれた公式の一覧が表示される。

練習 11 次の数式を入力しよう。

$$\sqrt{2} + \sqrt{3} \qquad e^{\pi i} + 1 = 0$$

3 手書き入力

「読み」のわからない漢字を「総画数」や「部首」から探すことは，面倒に感じることが多い。このようなときには**IMEパッド**を使うとよい。ここでは，文中の「杣」を入力してみよう。

❶ 言語バーのボタンを右クリックして，[IMEパッド(P)]をクリックする。

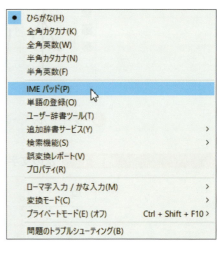

❷ [IMEパッド - 手書き]ダイアログボックスが表示される。手書きパッドに何かの文字が描いてあるときは 消去 をクリックして文字を消す。

IMEパッドが［手書き］でない場合は をクリックする。

❸ 「ここにマウスで文字を描いてください。」と表示された部分で，マウスをドラッグしながら，入力する文字「杣」を描く。うまく描けなかったときは，戻すをクリックすると最後に描いた線が消去される。

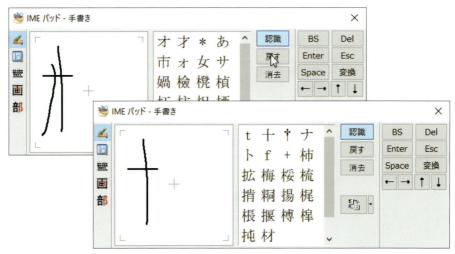

11 特殊な入力方法 53

❹ 右側の候補の中に「杣」が表示されたら，文字をクリックする。文書中に「杣」が表示される。

❺ タイトルバーの X (閉じる)をクリックして，文書画面に戻る。

練習12 次の文字を入力しよう。

| 沼　　个　　卞　　倪 |

参考◆……「総画数」や「部首」から漢字を入力するためには，IMEパッドダイアログボックス左端の 画 ([総画数]ボタン)や 部 ([部首]ボタン)をクリックする。それぞれ次のような画面が表示される。

＜総画数＞

＜部首＞

また， ([文字一覧]ボタン)をクリックするとアラビア語やタイ語など，アルファベット以外の言語の文字を入力することができる。

54　2章　Word入門

4 住所の入力

郵便番号を入力して住所に変換することができる。

(例) 郵便番号を入力して，下の住所を表示させよう。

> 東京都墨田区押上

① 「131-0045」と入力し，スペースを2回押すと変換候補一覧が表示されるので，住所を選択する。

```
東京都墨田区押上
1  1 3 1 - 0 0 4 5
2  東京都墨田区押上
3  131-0045
```

② Enter を押して，確定する。

練習13 自分の住所を郵便番号から入力しよう。

5 顔文字

(例) 次の顔文字を入力しよう。

> (@_@)

① 「びっくり」と入力し，スペースを2度押すと変換候補群を表示されるので，2 を選択する。

② Enter を押して確定する。

練習14 次の顔文字を入力しよう。

> (*^_^*)[かお]　　(^_-)[ういんく]　　(^_^)/~[ばいばい]

11 特殊な入力方法　55

12　単語登録

　IMEでは通常の変換では漢字にならない特別な医学用語や，長い会社名や学校名，難しい読みの名前などに「読みがな」をつけて単語を登録することができる。登録した単語は辞書に登録されて，登録した読みを入力すると変換されるので，日本語入力がより便利になる。ここでは，例題2の「釈迢空」を単語登録してみよう。

① ファイル名「クイズ選手権予選問題」を呼び出す。
② 「釈」から「空」までをドラッグして，範囲を指定する。

> ウ　福井県の南越前町にあった杣山城は誰の居城でしたか。人物に○をつけてください。
> 　　藤原惺窩　　　　釈迢空　　　　瓜生衡　　　　平田篤胤

③ 言語バーのボタン **あ** を右クリックして，[**単語の登録(O)**]をクリックする。

④ [**単語の登録**]ダイアログボックスが表示されるので，[**よみ(R)**]に読みがな「しゃくちょうくう」を入力し，品詞を[**人名(E)**]，[**名のみ(F)**]を選択し，[**登録(A)**]をクリックする。

⑤ [閉じる]をクリックする。

練習15　自分の姓名を単語登録しよう。

実習 1 次の人名を入力しなさい。

リオネル・メッシ　　ネイマール　　クリスティアノ・ロナルド
グリーズマン　　アリエン・ロッベン　　レバンドフスキ　　スアレス
ジョージ・クルーニー　　キアヌ・リーブス　　デンゼル・ワシントン
トム・クルーズ　　ハリソン・フォード　　ダニエル・グレイグ
アンジェリーナ・ジョリー　　レオナルド・ディカプリオ
キャメロン・ディアス　　ジェラルド・バトラー　　クリス・パイン
ジェニファー・ロペス　　ジェイソン・ステイサム　　ブラッド・ピット
シャーリーズ・セロン　　トム・ハンクス　　ニコール・キッドマン
ペネロペ・クルス　　ブルース・ウィルス　　ジョニー・デップ

実習 2 次の顔文字を入力しなさい。

＼(ˆoˆ)／　［ばんざい］　＿(.＿.)＿　［ごめん］　(=＾・＾=)　［ねこ］

実習 3 次の英文を入力しなさい。

Don't think, feel.
Knowledge is power.
Learn from yesterday, live for today, hope for tomorrow.
There is no royal road to learning.
Don't put off till tomorrow what you can do today.
Strike the iron while it is hot.
Two heads are better than one.

実習 4 次の文を入力しなさい。

考えるな、感じろ。（映画『燃えよドラゴン』より）
昨日から学び、今日を生き、明日へ期待しよう。（アインシュタイン）
われ思う、故にわれあり。（デカルト）
チャンスは準備しているものしか生かせない。（ニュートン）
学べば学ぶほど、自分が何も知らなかった事に気づく、気づけば気づくほどまた学
びたくなる。（アインシュタイン）
人は教えることによって、もっともよく学ぶ。（セネカ）
教えるとは　希望を語ること　学ぶとは　誠実を胸に刻むこと。（アラゴン）

実習 5 次の漢詩と文を入力しなさい。

偶成（ぐうせい）　　朱熹（しゅき）（朱子）（1130 -1200)
少年易老学難成　　少年老い易く学成り難し
一寸光陰不可軽　　一寸の光陰（こういん）軽んずべからず
未覚池塘春草夢　　未だ覚めず池塘（ちとう）春草の夢
階前梧葉已秋声　　階前（かいぜん）の梧葉（ごよう）已（すでに）秋声

実習 6 次の文章を入力し、保存・印刷しなさい。
（書式設定：A4・縦置き・ファイル名「吾輩は猫である」）

　吾輩は猫である。名前はまだ無い。
　どこで生れたかとんと見当がつかぬ。何でも薄暗いじめじめした所でニャーニャー泣いていたことだけは記憶している。吾輩はここで始めて人間というものを見た。しかもあとで聞くとそれは書生という人間中で一番獰悪（どうあく）な種族であったそうだ。この書生というのは時々我々を捕えて煮て食うという話である。しかしその当時は何という考えもなかったから別段恐しいとも思わなかった。

（夏目漱石「吾輩は猫である」より）

実習 7 次の文章を入力し、保存・印刷しなさい。
（書式設定：A4・縦置き・ファイル名「坊ちゃん」）

　親ゆずりの無鉄砲で小供の時から損ばかりしている。小学校にいる時分学校の二階から飛び降りて一週間ほど腰を抜かしたことある。なぜそんな無闇をしたと聞く人があるかも知れぬ。別段深い理由でもない。新築の二階から首を出していたら、同級生の一人が冗談に、いくら威張っても、そこから飛び降りる事は出来まい。弱虫やーい。と囃したからである。

（夏目漱石「坊ちゃん」より）

実習 8 次の文章を入力し、保存・印刷しなさい。
（書式設定：A4・縦置き・ファイル名「こころ」）。

　私はその人を常に先生と呼んでいた。だからここでもただ先生と書くだけで本名は打ち明けない。これは世間を憚（はばか）る遠慮というよりも、その方が私にとって自然だからである。私はその人の記憶を呼び起すごとに、すぐ「先生」といいたくなる。筆を執っても心持は同じことである。よそよそしい頭文字などはとても使う気にならない。

（夏目漱石「こころ」より）

実習 9 次の文章を入力し、保存・印刷しなさい。
（書式設定：A4・縦置き・ファイル名「草枕」）

　山路を登りながら、こう考えた。
　智に働けば角が立つ。情に掉（さお）させば流される。意地を通せば窮屈だ。とかくに人の世は住みにくい。
　住みにくさが高じると、安いところへ引き越したくなる。どこへ越しても住みにくいと悟ったとき、詩が生れて、画（え）ができる。

（夏目漱石「草枕」より）

実習 10 次の文章を入力し、保存・印刷しなさい。
（書式設定：A4・縦置き・ファイル名「富岳百景」）

　富士の頂角、広重の富士は八十五度、文晁（ぶんちょう）の富士も八十四度くらい、けれども、陸軍の実測図によって東西及南北に断面図を作ってみると、東西縦断は頂角、百二十四度となり、南北は百十七度である。広重、文晁に限らず、たいていの絵の富士は、鋭角である。いただきが、細く、高く、華奢（きゃしゃ）である。北斎にいたっては、その頂角、ほとんど三十度くらい、エッフェル鉄塔のような富士をさえ描いている。けれども、実際の富士は、鈍角も鈍角、のろくさと拡がり、東西、百二十四度、南北は百十七度、決して、秀抜の、すらと高い山ではない。たとえば私が、印度（いんど）かどこかの国から、突然、鷲（わし）にさらわれ、すとんと日本の沼津あたりの海岸に落されて、ふと、この山を見つけても、そんなに驚嘆しないだろう。ニッポンのフジヤマを、あらかじめ憧（あこが）れているからこそ、ワンダフルなのであって、そうでなくて、そのような俗な宣伝を、一さい知らず、素朴な、純粋の、うつろな心に、果して、どれだけ訴え得るか、そのことになると、多少、心細い山である。低い。裾のひろがっている割に、低い。あれくらいの裾を持っている山ならば、少くとも、もう一・五倍、高くなければいけない。

（太宰　治「富岳百景」より）

実習 11 次の文章を入力し、保存・印刷しなさい。
（書式設定：A4・縦置き・ファイル名「羅生門」）

　ある日の暮れ方のことである。一人の下人が、羅生門の下で雨やみを待っていた。
　広い門の下には、この男のほかに誰もいない。ただ、所々丹塗（にぬ）りの剥（は）げた、大きな円柱に、蟋蟀（きりぎりす）が一匹とまっている。羅生門が、朱雀大路（すざくおおじ）にある以上は、この男のほかにも、雨やみをする市女笠（いちめがさ）や揉烏帽子（もみえぼし）が、もう二、三人はありそうなものである。それが、この男のほかにはだれもいない。
　何故かと言うと、この二、三年、京都には、地震とか辻風（つじかぜ）とか火事とか饑饉とかいう災いが続いて起った。そこで洛中のさびれ方は一通りではない。旧記によると、仏像や仏具を打ち砕いて、その丹がついたり、金銀の箔がついたりした木を、道ばたに積み重ねて、薪（たきぎ）の料（しろ）に売っていたということである。洛中がその始末であるから、羅生門の修理などは、もとよりだれも捨てて顧る者がなかった。するとその荒れ果てたのをよいことにして、狐狸（こり）がすむ。盗人がすむ。とうとうしまいには、引き取り手のない死人を、この門へ持ってきて、捨てて行くという習慣さえできた。そこで、日の目が見えなくなると、だれでも気味を悪がって、この門の近所へは足踏みをしないことになってしまったのである。

（芥川龍之介「羅生門」より）

実習問題　59

3章 Wordの基礎

1 複写・削除・移動

これまで文章の入力を学習してきたので，ここでは，複写・削除・移動の機能を学習しよう。これらの機能を利用すると，入力や編集の作業が簡単になる。

「新緑と紅葉」 例題3
（ファイル名：新緑と紅葉）

> 新緑の初夏
> 新緑の木々
> 爽やかな空気が漂うと
> 木々の葉は初々しく鮮やかな緑色へ
> 樹種により微妙に色味が異なり
> 新緑のグラデーションで山は彩られる
>
> 紅葉の晩秋
> 紅葉の木々
> 朝晩の空気が冷え込むと
> 木々の葉はそれぞれ染まり赤色へ
> 樹種により紅葉の色味が異なり
> 紅葉のハーモニーで山は燃え上がる

1 複写

入力した文章の一部を，別の場所にコピーする機能を複写という。

◆**文字の複写（コピー＋貼り付け）**

例題を入力し，コピー機能を使って複写してみよう。

① 1行目1列から「新緑の初夏」と入力し，「新」にカーソルを合わせ「夏」までドラッグし，複写範囲を指定する。

コピー

② [ホーム]-（コピー）をクリックする。

60　3章　Wordの基礎

貼り付け

元に戻す

貼り付けを実行すると，右下に (Ctrl)▼[貼り付けオプション]スマートタグが表示されるが，ここではそのまま処理を続ける。

③ 画面の空白部分をクリックし，範囲指定を解除する。その後，改行のため「夏」のうしろにカーソルを移動し，もう一度 Enter を押し，カーソルを2行目1列に合わせる。[ホーム]- (貼り付け)をクリックすると，指定された文字列が複写される（操作を間違えた場合には， (元に戻す)をクリックすると，1つ前の状態に戻ることができる）。

④ 2行目に複写された文章から，「初夏」を消し「木々」と入力する。

⑤ 以下6行目までを入力する。

◆◆◆◆◆ **行の複写（コピー＋貼り付け）**

行単位で範囲を指定して，複写してみよう。ここでは，1行目から6行目までの部分を8行目以降に複写してみよう。

① まず7行目に Enter で空白行を挿入し，カーソルを8行目に移動させる。

② マウスポインターを1行目の編集画面左端の行属性部分に合わせると，マウスポインタが に変わる。

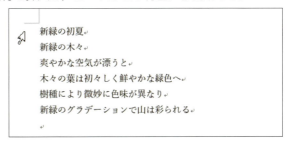

行属性

編集画面の左部分にマウスポインターを合わせると，マウスポインターが の形になり，行単位の指定ができる。

③ 1行目から6行目までの行属性上を下向きにドラッグし，コピーしたい部分を範囲指定し，[ホーム]- (コピー)をクリックする。

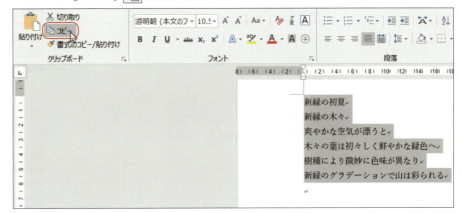

1 複写・削除・移動 61

④ 8行1列をクリックし，カーソルを移動させてから，[ホーム]-🗐(貼り付け)をクリックすると，指定した行が複写される。

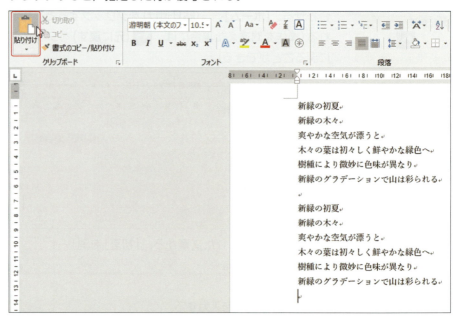

2 削除

ここでは，行の複写で練習した8行目から13行目の文字や文章を削除してみよう。
文字列の削除には，Back Space ，Delete の他にも次のような方法がある。

◆◆◆◆◆◆**文字の削除（切り取り）**

8行目の特定の文字列を削除してみよう。

切り取り
✂

① 8行目の「初夏」をドラッグし，削除範囲を指定した後，[ホーム]-✂(切り取り)をクリックする。

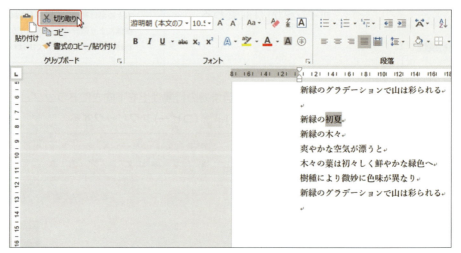

② 「初夏」が削除される。

62　3章　Wordの基礎

行の削除（切り取り）

① カーソルを10行目の編集画面左端の行属性に移動する。
② 11行目までを下向きにドラッグし，削除する行を範囲指定した後で，[ホーム]-✂ (切り取り)をクリックする。

③ 指定した行が削除される。

練習16 例題3の文章を完成させ，ファイル名「新緑と紅葉」で保存し印刷しなさい。

参考◆文字や行を削除……ドラッグした後で Delete を押しても削除される。または，ドラッグした後で範囲内で右クリックし，ショートカットメニューを表示し，[切り取り(T)]を選択してもよい。

参考◆ショートカットメニュー

① 複写する範囲を指定した後，範囲内で右クリックし，メニューを表示させ[コピー(C)]を選択する。

② 複写先にカーソルを移動し，右クリックでメニューを表示してから[貼り付けオプション]の[元の書式を保持(K)]を選択する。

元の書式を保持

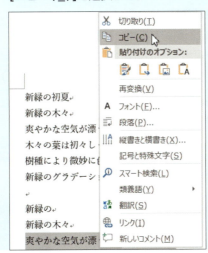

1 複写・削除・移動　63

3 移動

切り取り・貼り付けを利用すると，入力した文字列を移動させることができる。

◆◆◆◆◆ 文字列の移動（切り取り＋貼り付け）

複写と移動
〈複写〉
　コピー
　　↓
　貼り付け
〈移動〉
　切り取り
　　↓
　貼り付け

例題3のファイル名「新緑と紅葉」を呼び出し，1行目の「新緑の」という文字列を4行目「木々の葉は……」の前に移動する。

① 1行目の「新緑の」をドラッグし，移動範囲の文字を指定し，[ホーム]-✂（切り取り）をクリックする。

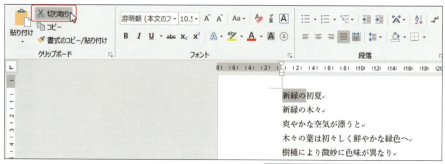

② 指定した文字列が画面から消える。

③ 4行目先頭にカーソルを置き，[ホーム]-📋（貼り付け）をクリックすると，指定した文字列が移動する。

◆◆◆◆◆ 行の移動（切り取り＋貼り付け）

文字列と同様に，行単位で範囲を指定し移動してみよう。

① マウスポインターを編集画面の行属性に合わせる。3行目から6行目までをドラッグし，移動範囲を指定した後で，[ホーム]-✂（切り取り）をクリックする。

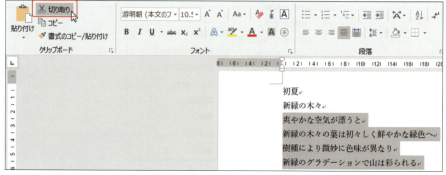

64　3章　Wordの基礎

❷ 指定した範囲が画面から消える。

❸ 2行目1列にカーソルを置き，　(貼り付け)をクリックすると指定された範囲が移動する。

参考◆ドラッグによる移動
❶ 移動やコピーしたい範囲をドラッグし，範囲指定する。
❷ 範囲指定した文字が反転しているところでマウスを左クリックし，そのまま移動したい場所まで　の形になったマウスポインターをドラッグする。
❸ マウスの左ボタンから指を離すと，文字列が移動する。

参考◆ドラッグによるコピー
❶ 移動やコピーしたい範囲をドラッグし，範囲指定する。
❷ 範囲指定した文字のところでマウスを左クリックし，[Ctrl]を押しながら，そのまま移動したい場所まで　の形になったマウスポインターをドラッグする。

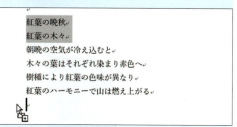

❸ マウスの左ボタンから指を離すと，文字列が移動する。

1 複写・削除・移動　65

2 編集機能（1）

ここでは通信文書を例として，行単位で編集する方法を紹介する。

「遠足のお知らせ」 例題4

1行30字・1ページの行数30行に書式を設定して，次のような遠足のお知らせを作成しよう。
（ファイル名：遠足）

```
　　　　　　　　　　　　　　　　　　令和○年5月7日

東部地区子供会の皆様へ

　　　　　　　　　　　　　　　東部地区子供会
　　　　　　　　　　　　　　　　会長　秋山　穂高


　　　　　　　　　遠足のお知らせ

　　　　　　　　　　　記

　1．日　時　　令和○年6月2日（日）
　2．集　合　　東地区公民館
　3．目的地　　ひたち海浜公園
　4．費　用　　おとな￥3，500円　こども￥2，000

　　　　　　　　　　　　　　　　　　　以　上
```

1 書式設定

用紙の大きさや1行の文字数，1ページの行数を決めることを**書式設定**という。例題では，1行30文字，1ページ30行の指定になっているので，入力前にこの設定を行う。

① ［ファイル］-［新規画面］-［白紙の文書］をクリックすると，白紙の文書が表示される。

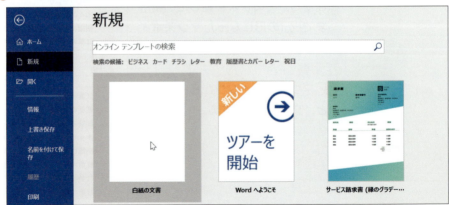

| ダイアログボックス起動ツールとは，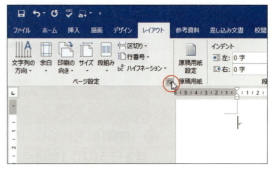のことである。

❷ 新しい白紙の文書が表示されたら，**[レイアウト]-[ページ設定]**ダイアログボックス起動ツールをクリックする。

❸ **[ページ設定]**ダイアログボックスが表示されるので，文字数と行数の指定にある，**[文字数と行数を指定する(H)]**をクリックし，チェックをする。
❹ **[文字数(E)]**のボックスをクリックして，「30」と入力する。
❺ **[行数(R)]**のボックスをクリックして，❹と同様に「30」と入力する。

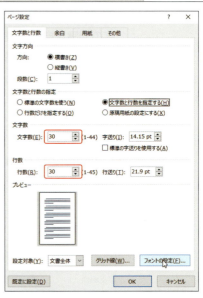

❻ 次に**[フォントの設定(F)]**をクリックする。
❼ **[フォント]**ダイアログボックスが表示されるので，**[英数字用のフォント(F)]**右端の∨をクリックし，「(日本語用と同じフォント)」に変更する。

Wordでは，"、"や"「"が連続すると，自動的に半角に変更し，間隔を詰めてしまう。この章ではその設定を解除するために，カーニングを行わないようにしている。

❽ **[詳細設定]**をクリックし，**[カーニングを行う(K)]**のチェックボックスをクリックし，チェックをはずす。

❾ OKをクリックすると，**[ページ設定]**ダイアログボックスに戻るので，さらにOKをクリックし，入力画面に戻る。

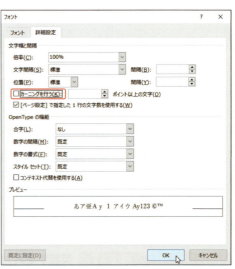

2 編集機能(1) 67

⑩ 次に[段落]ダイアログボックス起動ツールをクリックし，[段落]ダイアログボックスを開く。

⑪ [体裁]をクリックし，[禁則処理を行う(U)][句読点のぶら下げを行う(N)][日本語と英字の間隔を自動調整する(E)][日本語と数字の間隔を自動調整する(S)]のチェックボックスをクリックしチェックをはずし，次に オプション(O) をクリックする。

⑫ [Wordのオプション]ダイアログボックスが表示されるので，[カーニング]の[半角英字のみ(L)]をチェックするとともに，[文字間隔の調整]の[間隔を詰めない(D)]をチェックする。

⑬ OK をクリックすると，[段落]ダイアログボックスに戻るので，さらに OK をクリックし入力画面に戻る。

参考◆設定の保存……1行の文字数や1ページの行数などの設定は，Wordを終了させると初期設定状態に戻ってしまう。つねに設定を有効にするためには，各種設定をした後で，❸[ページ設定]ダイアログボックスにおいて， 既定に設定(D) をクリックすればよい。

練習17　英数字を入力して，文字間隔が詰まらないことを確認しなさい。

2 右揃え

例題4では「令和○年5月7日」が行の右端に配置されている。

文書においては，日付や発信者名などの文字を右端に配置することがある。文字を右端に配置することを**右揃え**という。ここでは，日付を右揃えにしてみよう。

① 1行目の「令和○年5月7日」を入力する。

右揃え

② [ホーム]-≡(**右揃え**)をクリックすると「令和○年5月7日」が右端に移動する。

≡（左揃え）をクリックしても，右揃えを解除できる。

③ 右揃えが終了したら，[Enter]でカーソルを次の行に移動し，もう一度[ホーム]-≡(**右揃え**)をクリックして右揃えを解除する。

④ 2行目は[Enter]で空白行を挿入する。

⑤ 3行目の「東部地区子供会の皆様へ」を入力し，3行目先頭に1文字分の空白を入れ，4行目は[Enter]で空白行を挿入する。

⑥ 5行目の「東部地区子供会」を入力してから，[ホーム]-≡(**右揃え**)をクリックし右揃えにする。さらに，「会」の後ろに3文字の空白を挿入するので，カーソルが文字列の右端にある状態で，[Space]を3回押し，空白を挿入する（必ず右揃え後にスペースを入れる）。

先にスペースを入力して右揃えすると，1行目の「日」と「会」が縦位置で揃ってしまう。

⑦ [Enter]を押して6行目に移動してから，「会長　秋山　穂高」を入れてから体裁を整える。

⑧ [Enter]を押して7行目に移動し，もう一度[ホーム]-≡(**右揃え**)をクリックして右揃えを解除する。

⑨ 7行目に[Enter]で空白行を挿入する。

2　編集機能(1)　69

3 中央揃え（センタリング）

例題4のタイトル「遠足のお知らせ」のように，文字を行の中心に配置することを**中央揃え**という。中央揃えは，タイトルなどの配置に最適な機能である。ここでは，「遠足のお知らせ」を中央揃えにしてみよう。

① 8行目に「遠足のお知らせ」を入力する。

② [ホーム]-≡(中央揃え)をクリックするとタイトルが行の中央に配置される。

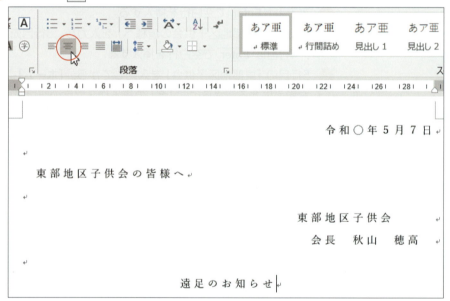

③ Enterでカーソルを次の行に移動し，もう一度[ホーム]-≡(中央揃え)をクリックして中央揃えを解除してから，9行目（「記」の上）まで入力する。

参考◆段落配置の設定……右揃えで入力する場合は，入力行の右端あたりにマウスポインターを移動させ，マウスポインターが ≡I に変化する場所でダブルクリックすると，右揃えの段落配置が設定されカーソルが右端に移動する。同様に，中央揃えの場合も行の中央あたりでマウスポインターが I≡ に変化する場所でダブルクリックすればよい。

4 箇条書き

① 10行目の「記」を入力し Enter を押すと，「記」が自動的にセンタリングされ，1行あけて「以上」が挿入される。

② Enter を押して空白行を挿入する。
③ 12行目先頭に1文字分の空白を入れ，続けて全角文字で「1．日　時」を入力する。
④ Enter を押すと，13行目に自動的に全角文字で「2．」が表示される。

> 箇条書きを入力すると， （オートコレクトのオプション）スマートタグが表示されるが，ここではそのまま処理を続ける。

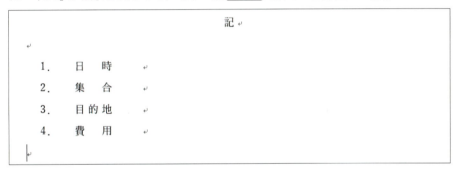

⑤ 以下続けて15行目の「4．費　用」まで入力した後で Enter を押すと，次の行に「5．」が表示されるので，もう一度 Enter を押して箇条書きを解除する。

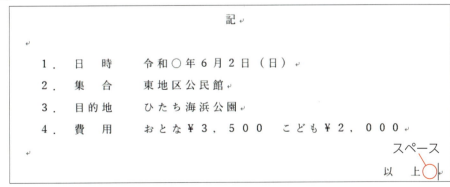

⑥ それぞれの項目の内容を入力し，「以上」の位置を変更し，整える。

```
                    記
　
　　1．日　時　　令和○年6月2日（日）
　　2．集　合　　東地区公民館
　　3．目的地　　ひたち海浜公園
　　4．費　用　　おとな¥3,500　こども¥2,000
　
                                        スペース
                                    以　上
```

練習18 ファイル名「遠足」で保存しなさい。

3 編集機能（2）

Wordの編集機能についてさらに学習する。なお，ここでは文章をすべて入力してから編集を行う方法を紹介する。

学校説明会のご案内 例題5

1行30字・1ページの行数30行に書式を設定して，次のような説明会の案内状を作成しよう。 （ファイル名「学校説明会」）

北発第２６５号

令和○年６月９日

桜高等学校

　進路指導部　御中

北関東国際大学

入試部長　根岸　史高

学校説明会のご案内

拝啓　貴校ますますご発展のこととお喜び申し上げます。

　さて、本年度も高校生を対象とした学校説明会を、下記のとおり開催いたします。また、本年度からグローバル人材の育成をめざすため、国際経済学部を設置することとなりました。

　つきましては、本学への進学を希望されている生徒の皆さまに、同封のパンフレットをお渡しのうえ、ご案内くださいますようお願い申し上げます。

敬　具

記

学　　部	開 催 日 時	会　　場
経　営　学　部	７月２６日午前９時	２０１教室
国際経済学部	８月　２日午後１時	視聴覚室

※会場へは真岡駅より無料のシャトルバスを運行しております。

以　上

72　3章　Wordの基礎

1 フォントの変更

フォントとは，書体のことである。日本語のフォントには明朝やゴシックなどがあり，英語のフォントにはArialやTimes New Romanなどがある。

> Word2019では「游明朝」が標準のフォントである。

① 21行目の「記」まで入力し，Enter を押す。

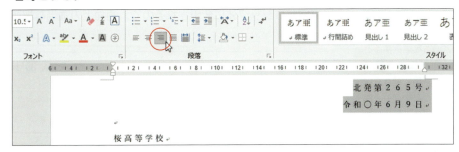

> 「拝啓」と入力してEnterを押すと，「敬具」が自動的に入力される。

② 文書番号と日付をドラッグして選択し，[ホーム]-(右揃え)をクリックして右寄せする。

> 右揃え

③ 5行目の先頭に空白を1文字入れ，7行目と8行目は，右寄せしてから右端にそれぞれ6文字と2文字の空白を入れる。その後で，10行目を中央揃えする。

> このとき，「敬具」の体裁を整える。

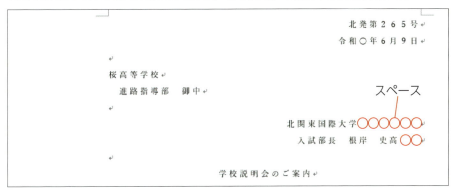

④ 「学校説明会のご案内」をドラッグして選択し，[ホーム]-游明朝(本文のフ)(フォント)の▼をクリックしてドロップダウンリストを開く。

フォントの選択
ドロップダウンリスト内のフォント名はアルファベット順に並んでいる。スクロールバーを操作し，目的のフォントを探す。

⑤ [MS ゴシック]をクリックする。

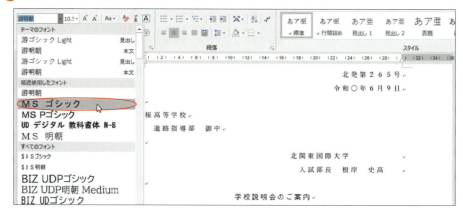

[表示]-[ズーム]で200％を選択すると，画面が拡大されゴシック体になっていることがわかる。元に戻すには100％を選択する。

⑥ 文字がゴシック体に変更されるので，画面上の適当な場所をクリックし，選択を解除する。

```
          入試部長　　根岸　　史高

     学 校 説 明 会 の ご 案 内
```

練習19 例題5のタイトルをいろいろなフォントに変更しなさい。

参考◆UDフォント……「見やすい」「読みやすい」「間違いにくい」を重視し，誰にとっても見やすく読みやすいユニバーサルデザインのフォントである。Microsoft社製品においても，最新版のWindows10やOffice2019に採用となり，可読性や視認性，判読性が高く，小さくしても誤読が少ないように設計されているフォントである。

```
ＭＳゴシック        →    第8195号    カシオペア    Aomori
ＭＳＰゴシック      →    第8195号    カシオペア    Aomori
ＵＤデジタル教科書体N-B →   第8195号    カシオペア    Aomori
```

2 フォントサイズの変更

　フォントサイズとは，文字の大きさのことで，ポイント数(pt)であらわされる。ポイント数が大きいほど文字が大きくなる。Word標準のフォントサイズは，10.5ポイントである。10行目のタイトル「学校説明会のご案内」のフォントサイズを18ポイントにしてみよう。

① 「学校説明会のご案内」をドラッグして選択する。

② [ホーム]－ 10.5 (フォントサイズ)の をクリックすると，ドロップダウンリストが開く。マウスポインターを[18]に合わせると，文字が18ポイントになるので[18]をクリックする。

③ 選択した文字が18ポイントになったので，画面の適当な場所をクリックし，選択を解除する。

参考◆倍角文字……

① **横倍角文字**
　対象となる文字をドラッグして選択してから，[ホーム]-(拡張書式)をクリックするとドロップダウンリストが開くので，[文字の拡大／縮小(C)]-[200%]をクリックする。

② **縦倍角文字**
　対象となる文字をドラッグして選択してから，フォントサイズをWord標準の2倍である21ポイントにする。つづけて[ホーム]-(拡張書式)をクリックするとドロップダウンリストが開くので，[文字の拡大／縮小(C)]-[50%]をクリックする。

③ **4倍角文字**
　対象となる文字をドラッグして選択してから，フォントサイズをWord標準の2倍である21ポイントにする。

倍角文字の例

普通の文字	横倍角文字
縦倍角文字	4倍角文字

拡張書式

フォントサイズの直接指定
フォントサイズのドロップダウンリストを開いたときに，キーボードから直接ポイント数を入力することができる。

3　編集機能(2)　75

3 下線（アンダーライン）

入力した文字の下に線を引く機能を，**下線（アンダーライン）**という。

① 「学校説明会のご案内」をドラッグして選択する。

下線
U

② ［ホーム］-U（下線）をクリックすると下線が引かれる。

③ 下線が引かれたので，画面の適当な場所をクリックし選択を解除する。

参考◆下線の解除……下線を取り消すには，取り消す範囲をドラッグして選択し，もう一度 U（下線）をクリックする。

◆下線（アンダーライン）の線種変更……下線の線種を変更するには，変更する範囲をドラッグして選択し，［ホーム］-U（下線）の ▼ をクリックするとドロップダウンリストが開くので，その中から線種を選択する。

練習20 15行目の「国際経済学部を設置」の下部に波線を引きなさい。また，その波線を解除しなさい。

76　3章　Wordの基礎

4 表の作成

表を作成する方法を説明する。

表の作成

① 「記」の2行下にカーソルを合わせ，[**挿入**]-(**表**)をクリックすると，[**表の挿入**]のドロップダウンリストが開く。

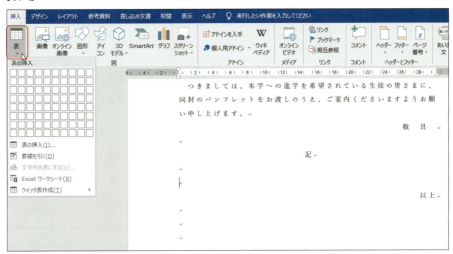

② 作成する表の行数・列数に合わせてマウスポインターを移動する。ここでは，3行3列を選択する（ドロップダウンリスト上部に「表（3行×3列）」と表示される）。

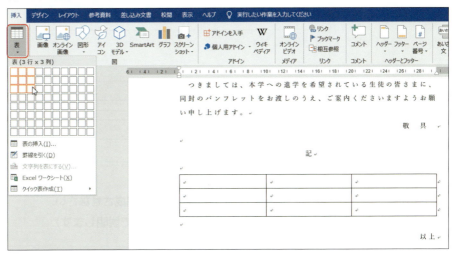

> 8行×10列より大きな表を作成する場合には，[**表の挿入(I)**]をクリックし表のサイズを指定すればよい。

③ 用紙幅いっぱいに，3行3列の表が作成される。

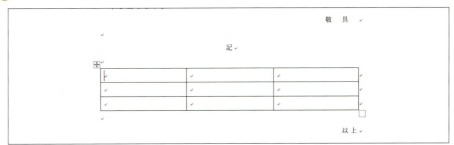

列幅変更

3 編集機能(2) 77

① まず，左端の縦線を移動する。マウスポインターを左端の縦線に合わせると，マウスポインターが ↔ の形に変わる。

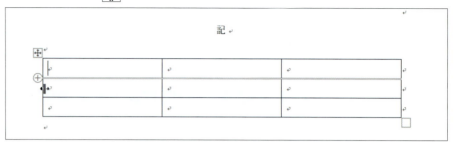

② マウスポインターが ↔ の状態のまま右方向にドラッグし，18行目の「い申し上げます。」の「申」の右の位置に合わせる。

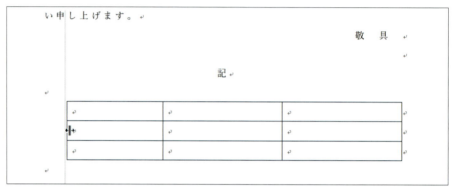

③ マウスから指を離すと，左端の位置が確定する。

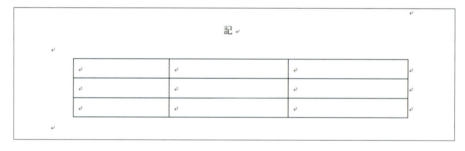

練習21 例題5の表を，列幅を変更し完成させなさい。
（表の中の文字の入力については次の項で説明します）

参考◆表の列幅・高さの変更……

① 列幅変更
　変更したい縦線にマウスポインターを合わせ，マウスポインターの形が ↔ に変わったなら左右にドラッグして調整する。

② 高さ変更
　変更したい横線にマウスポインターを合わせ，マウスポインターの形が ↕ に変わったら上下にドラッグして調整する。

③ 微調整
　Alt を押しながらドラッグすると，細かく調整することができる。

5 均等割り付け

　文字数の異なる字句を並べて印刷したときに，長さが不揃いであると見栄えが悪い。このようなときに，指定した範囲に文字を均等に配置する機能を**均等割り付け**という。ここでは，「学部」の下の欄の文字を，列幅に合わせて均等割り付けする。

① 表の1行1列に「学　部」と入力し，≡(**中央揃え**)をクリックすると，文字が表の中で中央揃えになる。

② 2行1列に「経営学部」と入力し，マウスポインターを文字のすぐ左横に合わせると，マウスポインターが黒い小さな矢印 ■ に変わる。この状態でクリックすると，表内の項目幅を範囲指定できる。

均等割り付け）

③ [ホーム]-▦(均等割り付け)をクリックすると，均等割り付けされる。

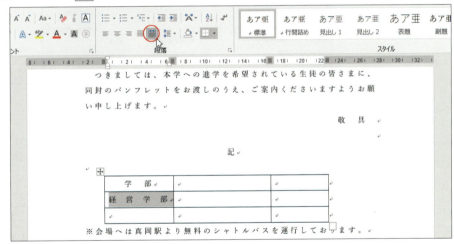

④ 画面上の適当な場所をクリックして選択を解除する。

練習 22　例題5の表の他の部分に文字を入力し，表を完成させなさい。

参考◆特定文字数の均等割り付け……表内いっぱいではなく，特定文字数に均等割り付けする場合には，文字のみをドラッグして選択した後で，▦をクリックすると，[**文字の均等割り付け**]ダイアログボックスが開くので，そこで[**新しい文字列の幅(T)**]に設定したい文字数を入力し，OKをクリックすればよい。

3　編集機能(2)　79

6 ルビ

指定された文字にふりがなを付ける場合がある。この文字にふりがなを付ける機能をルビという。

ここでは，26行目の「真岡」（もおか）にふりがなを付けてみよう。

> ルビ
> ア亜

① 例題5の文章を，最後まで入力する。

② 「真岡」をドラッグし選択し，[ホーム]-[ア亜]（ルビ）をクリックする。

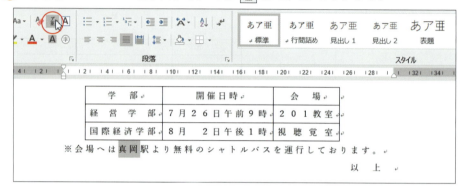

③ [ルビ]ダイアログボックスが表示されるので，[ルビ(R)]ボックス内に自動的にふりがなが表示される。

> ルビの変更
> 誤ったルビが表示された場合には，[ルビ(R)]ボックス内を変更すればよい。

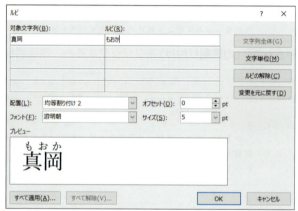

④ 正しいふりがなが表示されているので，[OK]をクリックするとふりがなが表示される。

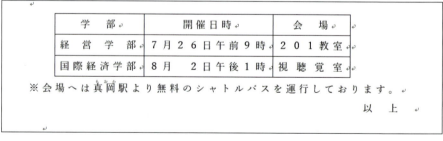

⑤ 画面上の適当な場所をクリックし，選択を解除する。

参考◆ルビの削除……削除したい部分を範囲指定してから[ルビ]ダイアログボックスを表示し，[ルビの解除(C)]をクリックすると，ルビが削除される。

7 文字の網かけ

入力した文字を強調したい場合に，指定された文字列の上に網をかける機能を網かけという。

ここでは，26行目の「無料のシャトルバス」に網かけを行う。

文字の網かけ
Ⓐ

① 「無料のシャトルバス」をドラッグして選択し，[ホーム]-Ⓐ(文字の網かけ)をクリックする。

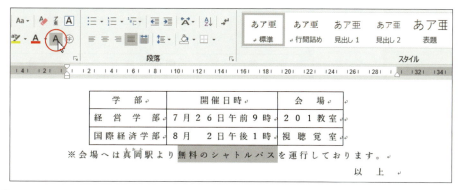

[ホーム]-（蛍光ペンの色）を使うと，カラーの網かけができる。

② 指定した文字が網かけされるので，適当な場所をクリックし，選択を解除する。

参考◆網かけの解除……解除したい部分をドラッグして選択し，もう一度Ⓐ(文字の網かけ)をクリックすると，網かけが解除される。

練習23 例題5を完成させ，ファイル名「学校説明会」で保存しなさい。

参考◆表の網かけ……
① 変更したい部分をドラッグして選択する。
② [テーブルデザイン]-（塗りつぶし）の▼をクリックすると，色見本のドロップダウンリストが表示される。
③ 色見本をクリックすると，表の中が指定した色になる。

パターンでの網かけ
[テーブルデザイン]-[飾り枠]ダイアログボックス起動ツールをクリックすると，[線種とページ罫線と網かけの設定]ダイアログボックスが表示される。[網かけ]をクリックし，[種類(Y)]で網かけの濃度やパターンを選択する。

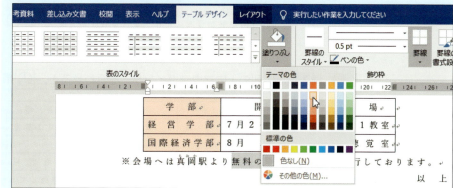

3 編集機能(2)　81

5 表の編集

ここでは，Wordの作表機能をさらに学習する。

学校説明会2 例題6

例題5のファイル名「学校説明会」を開き，データを1件追加するとともに，定員の欄を加えてみよう。　　　　（ファイル名「学校説明会2」）

記

学　部	開催日時	定　員	会　場
経　営　学　部	7月26日午前9時	80名	201教室
法　　学　　部	8月　1日午前9時	80名	201教室
国際経済学部	8月　2日午後1時	150名	視聴覚室

※会場へは真岡駅より 無料のシャトルバス を運行しております。

以　上

1 行・列の挿入

作成した表の形式を変更したいときは，表を選択したときに表れる**[レイアウト]**タブを使用する。行と列を挿入するだけなら，表の左の縦罫線や上の横罫線に現れる⊕ボタンをクリックするだけでよい。なお，表を構成するそれぞれの箱のことを**セル**という。

① 挿入したい行の左にマウスポインターを合わせると，⊕ボタンが現れる。

テーブルの行と列を追加するためのポップアップボタン

② クリックすると，表に行が1行挿入される。

③ 挿入したい列の上にマウスポインターを合わせると，⊕ボタンが現れる。

④ ⊕ をクリックすると，表に列が1列挿入される。

⑤ カーソルを挿入した列の左側の線に合わせ，⇔ の形になったところで線を右にドラッグし移動する。同様に右側の線も移動し，体裁を整える。

表の体裁を一度に変更するときは，表をドラッグして選択し，[レイアウト]-

（配置）を活用するとよい。

練習24 表の体裁を整え文字を入力し，ファイル名「学校説明会2」で保存しなさい。

参考◆セルの結合……隣り合う複数のセルを結合し，1つのセルにすることができる。

① 結合したいセルをドラッグして選択する。

② 表を選択したときに現れる[レイアウト]-⊞ セルの結合 をクリックすると，1つのセルに結合される。

③ 下段の「201教室」を削除し，[レイアウト]-[配置] ≡ （中央揃え）をクリックすると，結合されたセルの中央に文字が表示される。

5 表の編集　83

実習　12　次の文章を入力・印刷・保存しなさい。
（書式設定：A4・縦置き・1行30字・1ページ35行・ファイル名「研修会」）

令和〇年4月10日

社員各位

プレゼンテーション研修会のご案内

　プレゼンテーション技術の向上を目指し、パソコン等を利用したプレゼンテーション技術の講習会を実施いたします。「できる営業社員」になるための、必須の技術を伝授いたします。
　今回は、プレゼンテーションのエキスパートである東日本大学の高野教授を特別講師にお招きし、研修会を開催いたします。
　皆様のご参加をお待ちしております。

記

1．日　　時　　5月31日（木）
2．場　　所　　本店研修室
3．研修日程　　別紙を参照のこと
4．申込方法　　本店総務部
　　　FAX（03-1234-5678）

※定員は25名で、定員になり次第締め切ります。

以　　上

………………………………　切り取り線　………………………………

研修会応募用紙

社員番号＿＿＿＿＿＿＿＿＿＿＿＿＿＿＿＿

所　　属＿＿＿＿＿＿＿＿＿＿＿＿＿＿＿＿

氏　　名＿＿＿＿＿＿＿＿＿＿＿＿印

ヒント　ヒント「てん」で変換すると「…」(三点リーダ)が表示される。

84　3章　Wordの基礎

実習 13 次の文章を入力・印刷・保存しなさい。
（書式設定：A4・縦置き・１行30字・１ページ25行・ファイル名「価格改定」）

販発第５０２号

令和○年１１月２２日

小堀事務機器株式会社　御中

石原商事株式会社

営業部長　石原　正和

価格改定のお知らせ

拝啓　貴社ますますご清栄のこととお喜び申し上げます。平素は格別のご高配を賜り、厚く御礼申し上げます。

さて、当社では生産工程の短縮により、下記の商品につきまして１月納入分より価格を値下げして提供できるようになりました。

今後とも変わらぬご愛顧をよろしくお願いいたします。

敬具

記

品番	品　名	新価格	旧価格
ＢＮ０１	ノック式ボールペン	３００円	３２０円
ＢＣ０３	３色ボールペン	２４０円	２５０円
ＰＤ１２	デスクペン	５５０円	６００円

以上

4章 Wordの活用

1 アイコン・イラストの挿入

　Word 2019 には，ビジュアルな文書を作成するためのさまざまな機能がある。ここでは，Word2019で新たに加わった「アイコン」と「3Dモデル」の機能を紹介していく。
　インターネット経由でデータを入手し，画像の一覧から必要なアイコンやイラストを選択し，編集してみよう。

祝勝会のお知らせ　例題7

1行40字・1ページ30行に書式を設定して，次のような祝勝会のお知らせを作成し，アイコンと3Dモデルのイラストを挿入しよう。
（ファイル名「祝勝会のお知らせ」）

🏀祝勝会のお知らせ🌠

　ミニバスケットボール県大会優勝を祝って、下記の通り祝勝会を開催いたします。皆さま是非ご参加ください。出欠についてはメールにて保護者会会長までお知らせください。

記

1．日　時　　令和〇〇年10月3日（土）18：00〜
2．場　所　　焼肉ガーデン　まんぷく
3．費　用　　大人1名　4,000円
　　　　　　　子供1名　2,000円

以上

1 アイコンの挿入・サイズ変更・移動

文書にアイコンを挿入し，サイズを変更したり，場所を移動したりする方法を学ぼう。

① イラストを除いた例題7の文書を9行目まで入力し，1行目の「祝勝会のお知らせ」のフォントサイズを26ポイントに設定し，中央揃えする。

② 1行目の「祝」の前にカーソルを合わせる。

③ [挿入]- (アイコン)にマウスポインターを合わせる。

アイコン

④ クリックすると，[アイコンの挿入]ダイアログボックスが表示されるので，左側の分類から「スポーツ」を選択すると，右側にスポーツに関するアイコンが表示されるので「バスケットボール」を選択して，[挿入]をクリックする。

分類に「スポーツ」が表示されていないときは，分類を下にスクロールすると現れる。

⑤ アイコンがカーソルの位置に挿入される。

1 アイコン・イラストの挿入 87

⑥ アイコンの周りに四角が表示されている状態で，右下の○にマウスポインターを合わせると，マウスポインターの形が に変わる。その状態でマウスを左上方向にドラッグすると，アイコンのサイズを縮小できる。1行目の文字サイズと同じ大きさに縮小する。画面上の適当な場所をクリックすると四角枠が消える。

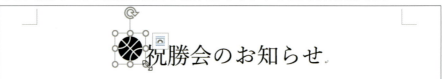

レイアウト オプション

⑦ 挿入したアイコンをクリックして選択すると，アイコンの右上に（レイアウトオプション）が表示されるので，これをクリックし，**[文字列の折り返し]** で（前面）を選択する。これで，選択されたアイコンを自由に移動させることができる。

前面

レイアウトオプションは「行内」以外を設定することで，アイコンを自由に移動させることができる。

⑧ アイコンにマウスポインターを合わせると，マウスポインターの形が に変わる。その状態でマウスをドラッグすると，アイコンを自由に移動させることができる。アイコンを移動させると，横方向では左端，中央，右端，そして縦方向では行間に一致したときに配置ガイド（緑色の線）が表示される。ここでは，次のように行間が一致するようにアイコンを配置する。

配置ガイドが表示されないときは，アイコンを選択し，**[グラフィックス形式]** - **[配置]** - **[配置ガイドの使用（U）]** のチェックを入れると表示できる。

練習 25 アイコンの挿入で，「お祝い」の分類から（流れ星）を選択し，タイトルの右側に貼り付けなさい。完成したファイルは「祝勝会のお知らせ」で保存しなさい。

2 イラストの挿入・サイズ変更・移動

文書にイラストを挿入し，サイズを変更したり，場所を移動したりする方法を学ぼう。

① 例題7「祝勝会のお知らせ」の10行目1列にカーソルを合わせる。

② [**挿入**]-(**3Dモデル**)右の▼をクリックし，[**ファイルから(F)**]にマウスポインターを合わせる。

3D モデル

[**オンラインソース**]から（**O**）を選択するとインターネットを経由してオンラインソース3Dモデルを検索することができる。

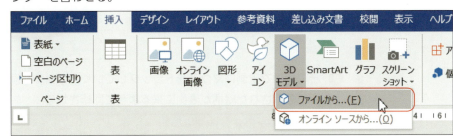

③ クリックすると，[**3Dモデルの挿入**]ダイアログボックスが表示されるので，挿入したい3D画像のあるフォルダーを指定し，画像を選択する。ここでは「メダル」を選択し，[**挿入(S)**]をクリックする。

3D画像「メダル」は実教出版のWebページからダウンロードできる。3D画像「メダル」のアイコンが と表示される場合もある。

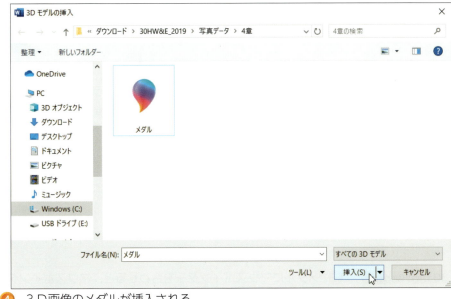

④ 3D画像のメダルが挿入される。

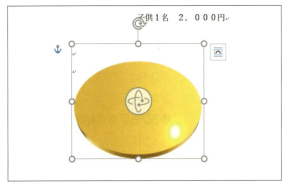

1 アイコン・イラストの挿入 89

⑤ 挿入されたメダルを裏返すために，画像の真ん中の◉にマウスポインターを合わせると，▣が表示される。

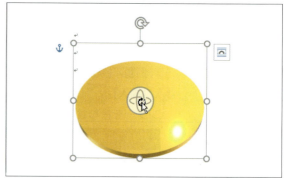

⑥ その状態で上側にマウスをドラッグしていくとメダルが回転する。ここでは，反対側に表示された絵柄が表側に来るように回転させる。

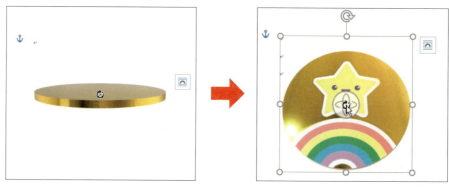

⑦ マウスを上下左右にドラッグすると，イラストが3Dモデルで表示され，さまざまな角度から表示することができる。ここでは次のようにメダルを傾けてみよう。

3Dモデルのリセット

⑧ メダルにマウスポインターを合わせると，マウスポインターの形が▣に変わる。その状態でマウスをドラッグすると，メダルを自由に移動させることができる。ここでは，中央に配置する。

参考◆3Dモデルのリセット……3Dモデルの向きやサイズを変更した後，最初に読み込んだ状態に戻したい場合は，[3Dモデル]－▣（3Dモデルのリセット）をクリックする。

◆**3Dモデルの削除**……削除したい3Dモデルを選択し，Delete を押す。

練習26 例題7を完成させて，ファイル名「祝勝会のお知らせ」で保存しなさい。

90　4章　Word の活用

2 画像・テキストボックスの挿入

文書に写真やコメントを挿入してみよう。

尾瀬ハイキングのご案内1 例題8

1行40字・1ページ30行に書式を設定して，次のような尾瀬ハイキングのご案内を作成し，画像とテキストボックスを挿入しよう。

(ファイル名「尾瀬ハイキングのご案内1」)

令和○○年8月21日

社員各位

厚生課長　上原　大輔

尾瀬ハイキングのご案内

　尾瀬といえば夏ですが、秋の尾瀬も風情があります。ロッジに宿泊し、秋の尾瀬を楽しみませんか。参加ご希望の方は、直接厚生課にお申し込みください。
　ご家族ともどもふるってご参加ください。

記

1．期　日　　令和○○年10月10日（土）〜11日（日）
2．集　合　　新宿駅KOデパート前　7：00
3．人　数　　30名（定員になり次第締め切ります）
4．費　用　　1名につき20,000円

以上

担当
厚生課　立花由香里
内線　231

1 画像の挿入

文書に写真やイラスト等の画像を挿入し，サイズを変更したり，場所を移動したりしよう。

① 例題8の文書を5行目まで入力し，7行目にカーソルを合わせる。

② [挿入]-(画像)にマウスポインターを合わせる。

③ クリックすると，「図の挿入」ダイアログボックスが表示されるので，挿入したい画像を選択し[挿入(S)]をクリックする。ここでは，「尾瀬ハイキングのご案内」を選択する。

> 画像

> 挿入する画像は実教出版のWebページからダウンロードできる。

④ 画像がカーソルの位置に挿入される。

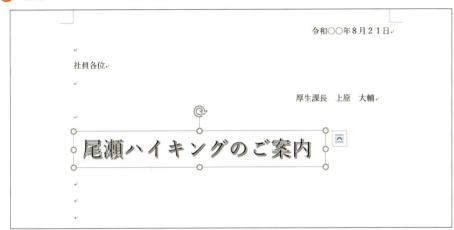

練習27　挿入した画像のサイズを縮小し，レイアウトオプションの［文字列の折返し］で　　（背面）を選択し，例題8のようにタイトル画像を中央に配置しなさい。

練習28　例題8の8行目から残りの文章を入力し，写真画像「尾瀬」を挿入しなさい。例題8を参考に，画像の大きさをページ幅の3分の2程度に縮小し，ページの左下に移動して，ファイル名「尾瀬ハイキングのご案内1」で保存しなさい。

2　テキストボックスの挿入

本文とは別の場所に文章を挿入する場合は，テキストボックスを活用する。

テキストボックス

① テキストボックスを挿入したい部分が画面に表示されている状態にし，［挿入］-　　（テキストボックス）-［横書きテキストボックスの描画(H)］をクリックする。

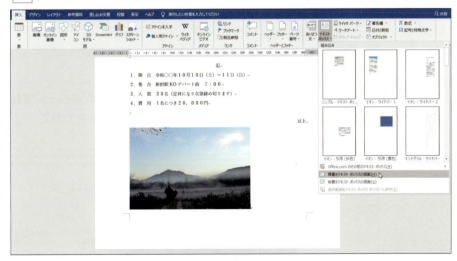

2　画像・テキストボックスの挿入　93

❷ マウスポインターの形が ╋ になるので，テキストボックスを挿入したい場所でドラッグすると，その大きさのテキストボックスが挿入される。画像と同じように扱うことができ，後から大きさを変更することもできる。

❸ テキストボックス内に文字を入力する。

参考◆テキストボックスの横幅や縦幅を入力した文字の量に連動させる……テキストボックスの枠を右クリックし，［図形の書式設定(O)］をクリックすると，「図形の書式設定」作業ウィンドウが表示される。［文字のオプション］-A≡（レイアウトとプロパティ）をクリックし，［テキストに合わせて図形のサイズを調整する(F)］のチェックを入れて，［図形内でテキストを折り返す(W)］のチェックを外すとよい。

❹ テキストボックスの大きさを調整し，ページの右下に移動する。移動するときは，テキストボックスの枠にマウスポインターを合わせて，マウスポインターの形が になったときにドラッグする。

練習29　完成した例題8をファイル名「尾瀬ハイキングのご案内1」で上書きで保存しなさい。

3 インク機能

Word2019ではインク機能が追加され，蛍光ペンのように文字を強調したり，鉛筆やペンで手書き文字を入力したりすることができる。

尾瀬ハイキングのご案内2　例題9

例題8で作成したファイル「尾瀬ハイキングのご案内1」を開き，手書き文字を加えて，次の例題を作成しよう。（ファイル名「尾瀬ハイキングのご案内2」）

令和〇〇年8月21日

社員各位

厚生課長　上原　大輔

尾瀬ハイキングのご案内

尾瀬といえば夏ですが、秋の尾瀬も風情があります。ロッジに宿泊し、秋の尾瀬を楽しみませんか。参加ご希望の方は、直接厚生課にお申し込みください。
ご家族ともどもふるってご参加ください。

記

1．期　日　令和〇〇年10月10日（土）～11日（日）
2．集　合　新宿駅KOデパート前　7：00
3．人　数　30名（定員になり次第締め切ります）
4．費　用　1名につき20，000円

昨年のフォト

以上

担当
厚生課　立花由香里
内線　231

1 描画タブの表示

デバイスがタッチ機能に対応していない場合は，[描画]タブが表示されないので，まず[描画]タブを表示させよう。

① [ファイル]-[オプション]にマウスポインターを合わせる。

> デバイスがタッチ対応の場合は，[描画]タブは自動的に表示される。

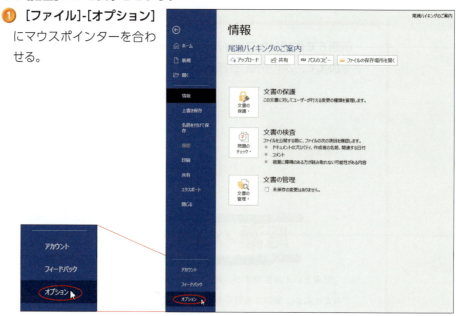

② クリックすると[Wordのオプション]ダイアログボックスが表示されるので，左側から「リボンのユーザー設定」を選択する。右側の画面が切り替わるので，[**リボンのユーザー設定(B)**]の下にあるプルダウンメニューから「メインタブ」を選択し，その下の「メインタブ」項目の「描画」にチェックを入れ，OKをクリックする。

③ [描画]タブが表示される。

2 インクの種類と設定方法

インクの種類を選択し，太さや色を変えて手書きで描画をしてみよう。

① 練習29で保存したファイル「尾瀬ハイキングのご案内1」を開く。
② **[描画]** タブを選択すると，ペンメニューが表示されるので，「蛍光ペン」を選択する。

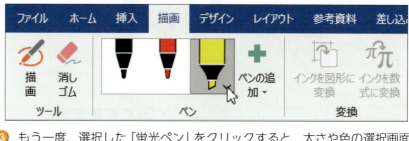

> ペンを選ぶと自動的に （描画）がオンになるが，オフのままの場合もあるので，そのときは をクリックする。他の操作をするときはオフにする。

③ もう一度，選択した「蛍光ペン」をクリックすると，太さや色の選択画面が表示されるので，ここでは太さを真ん中の「6mm」，色は「ライム」を選択する。

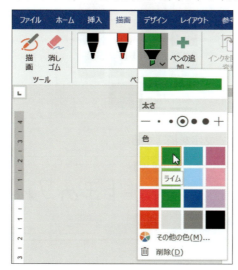

> 蛍光ペンの太さは2,4,6,8,10mmの5種類からの選択となる。

④ 「蛍光ペン」で塗りたい文字列をマウスでドラッグしながらなぞる。ここでは「直接厚生課」の文字を蛍光ペンで塗る。

> 尾瀬といえば夏ですが、秋の尾瀬も風情があります。ロッジに宿泊し、秋の尾瀬を楽しみませんか。参加ご希望の方は、直接厚生課にお申し込みください。

⑤ 次に，挿入されている写真にコメントをつけよう。ペンメニューから「ペン」を選択する。

3 インク機能　97

ペンの太さは 0.25, 0.5, 1, 2, 3.5mm の 5 種類からの選択となる。

❻ もう一度, 選択した「ペン」をクリックすると, 太さや色, 文字飾りの選択画面が表示されるので, ここでは太さを左から2番目の「0.5mm」, 色は「スカイブルー」を選択する。

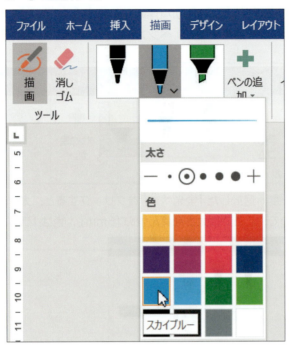

❼ 次のようにマウスで文字を描写する。

ペンで書き込んだ文字は, クリックすると周囲に が現れ, 選択できる。移動や削除もでき, 画像と同様に扱うことができる。

参考◆消しゴム……描画した文字等を削除したい場合に選択する。マウスポインターが消しゴム表示になるので, 消したい手書き文字の上でクリックすると, 描画した文字が消える。

練習30 タイトル「尾瀬ハイキングのご案内1」の上下に手書きでアンダーラインを引き, 例題9を完成させ, 「尾瀬ハイキングのご案内2」で保存しなさい。ただし, アンダーラインは「ペン」を選択し, 太さは一番右の「3.5mm」, 文字飾りは「銀河」を選択すること。

参考◆**翻訳機能**……日本語や外国語で書かれた文章の選択した範囲を，指定した言語に翻訳する機能。

翻訳

翻訳するサンプル文書は実教出版のWebページからダウンロードできる。

翻訳機能を初めて利用する場合にのみ，「インテリジェントサービスを使用しますか？」画面が表示されるので，「オンにする」をクリックする。

① ダウンロードしたファイル名「翻訳サンプル文書」を開く。
② 翻訳したい文章を選択し，[校閲]-(翻訳)-(選択範囲の翻訳(S))をクリックする。

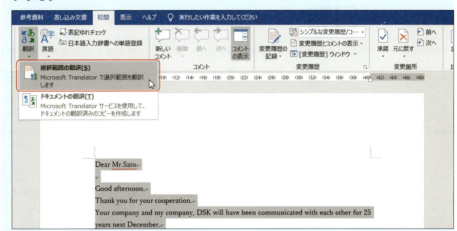

③ 「翻訳ツール」作業ウインドウが表示され，翻訳元に選択した文章が挿入される。

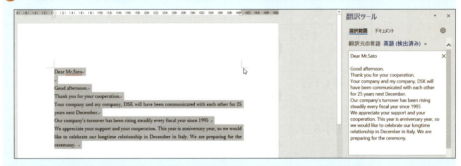

翻訳
↑↓ をクリックすると，翻訳元と翻訳先の言語を入れ替えることができる。

④ 「翻訳ツール」作業ウインドウをスクロールさせて下へ移動すると，翻訳先の言語指定ができるので，そのまま「日本語」を指定する。日本語に翻訳されて表示される。

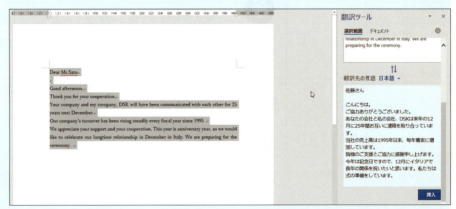

⑤ 挿入をクリックすると，本文の選択した文章が翻訳した文章に置き換わる。

実習 14 次の文章を入力し，表にアイコンを挿入して文書を作成し，印刷・保存しなさい。
（書式設定：A4縦・1行40字・1ページ30行・ファイル名「いきいきふれあいタウン」）

回覧　いきいきふれあいタウン

　ふれあい地区の高齢者の皆さんが、仲間と交流を図り、介護が必要な状態にならないよう、毎日いきいきと生活を送っていただくために開いているお楽しみの場所です。

　迷っているあなた、1日だけでも参加できます。いつからでも、どなたでも参加できます。ぜひお出かけください。

活動日：毎週水曜日　午前10時～12時

場　所：いきいきふれあいタウン

参加費：1回100円（活動内容により、材料費がかかる場合があります。）

毎回の活動内容：健康体操、談話会（お茶付き）

＜11月～12月予定＞

日　　程	活　動	内　　　　　容
11月　4日		ダーツを楽しもう！
11月11日		大人の塗り絵または絵手紙にチャレンジしよう！
11月18日		紙飛行機製作、紙飛行機飛ばし 自分独自の紙飛行機を作って飛ばそう！
11月25日		初めての人でも大丈夫。 チェスを楽しもう！
12月　2日		自分だけのクリスマスリースを製作しよう！ 家に持ち帰って飾るのが楽しみだな。
12月　9日		夜空をながめてみよう☆昼間は星にまつわるお話☆ ※天体観測：18時～19時
12月16日		カラオケで楽しく歌おう♪
12月23日		メリークリスマス！ みんなで楽しく過ごしましょう。

実習 15 次の文章を入力し，画像「日本の春」，「松山城」，「城から見た景色」を挿入しなさい。また，表の罫線は[描画]-「ペン」を用いて，太さ「2mm」，文字飾り「レインボー」で描画しなさい。完成した文書は，印刷・保存しなさい。
（書式設定：A4縦・1行30字・1ページ30行・ファイル名「城巡りツアー」）

城巡りツアー第2弾

参加者募集！

　前回の城巡りツアーに、沢山のご応募ありがとうございました。今回の『城』はどこかわかりますか？答えは裏面をご覧ください。私たちが当時の時代にご案内致します。一緒にタイムスリップしましょう。

	開催日	時間
第1回	2月 9日（日）	10：00～11：30
第2回	2月16日（日）	13：30～15：00
第3回	3月 2日（日）	10：00～11：30
第4回	3月 9日（日）	10：00～11：30

● 費用：無料
● 定員：各回40名程度

● 申し込み方法・詳細は裏面へ　　◆城巡り実行委員会◆

5章 Excel 入門

1 Excel2019とは

　Excel2019は表計算ソフトと呼ばれ，数字や文字で表されたデータを計算したり分析したりするためのアプリである。合計や平均などを関数と呼ばれる数式を利用して計算したり，数値のデータを元にしてグラフを作成したりすることができる。また，データの並べ替えや抽出を行うことも簡単にできるため，さまざまな文書やプレゼンテーションの資料の作成に利用されることも多い。

2 Excelの起動と終了

1 Excel2019の起動

> **Word2019 の起動と終了**
> P.24 参照

① ■(スタートボタン)をクリックして，スタートメニューの中にある[E]のグループを表示し， (Excel)をクリックする。
② Excel2019が起動し，スタート画面が表示されるので，[**空白のブック**]をクリックする。

② Excel2019の編集画面に空白のワークシートが表示される。

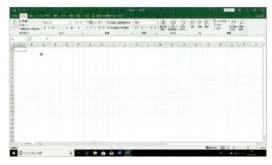

> **セルのサイズ**
> セルのサイズは，文字数に合わせて適宜調整しよう。

2 Excel2019の終了

タイトルバーの ✕ (**閉じる**)をクリックする。

3 Excel2019の画面構成

Excel2019の画面と各部の名称と機能は，次のようになっている。

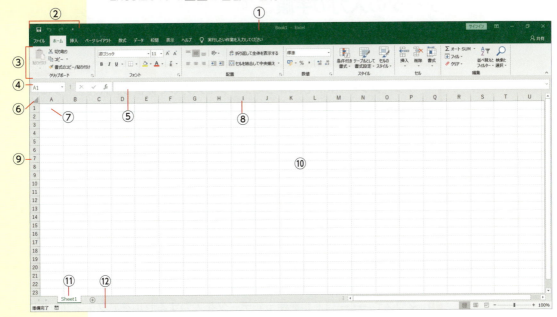

①**タイトルバー**…ファイル名（ブック名）とアプリ名が表示される。

②**クイックアクセスツールバー**… 🖫 （**上書き保存**），⤺ （**元に戻す**），⤻ （**やり直し**）を実行することができる。また，▼ をクリックすると，さまざまなコマンドを表すボタンを追加できる。

③**リボン**…目的に沿って構成されたタブがあり，それぞれがいくつかのグループに分類されている。

④**名前ボックス**…選択されているセル（アクティブセル）の番地や名前が表示される。

⑤**数式バー**…アクティブセルに入力されている数値や文字列，数式が表示される。

⑥**全セル選択ボタン**…現在表示されているワークシート全体を選択する。全セル選択ボタンをクリックすると，ワークシート全体が灰色になり，全セルを対象とした操作ができる。

⑦**セル**…行と列で区切られたワークシートの基本単位。A列1行目のセル番地を(A1)で表す。

⑧**列番号**…左からA（第1列）から始まるアルファベットで，ワークシートの左右の位置を表す。最終列(第16,384列)はXFDで示される。これをクリックするとクリックした列全体が選択され，列全体を対象とした操作ができる。

⑨**行番号**…上から1（第1行）から始まる数字で，ワークシートの上下の位置を表す。最終行は1,048,576である。クリックすると行全体が選択される。

⑩**ワークシート**…データの入力や編集に使うシート。複数のワークシートを1つのファイル（ブック）に保存できる。

⑪**シート見出し**…ワークシートのタブが表示され，⊕ （**新しいシート**）をクリックするとワークシートが追加される。クリックするとシートを切り替えることができる。

⑫**ステータスバー**…選択したセルの平均，データの個数，合計が表示されたり，コマンドや実行中の操作に関する状態が表示される。

リボン
p.27 参照

アクティブセル
セルポインター □ で表示される。

4 データ入力の基礎

1 データの入力の手順

ワークシートの各セルに，数字や文字を入力してみよう。

入力の練習 例題10

ワークシートに，次のようなデータを入力してみよう。入力データには，数値データと文字列データ（漢字・ひらがな・カタカナなど）がある。

ワークシートにデータを入力する手順は，次のとおりである。
① マウスや → ← ↓ ↑ を使ってデータを入力するセルをアクティブセルにする。
② キーボードからデータを入力する。
③ 入力中に間違いに気づいたときは，[Back Space] または [Delete] を押して消去する。
④ [Enter] を押すと，データがセルに書き込まれる。

[Back Space]
前の文字を消去。

[Delete]
後の文字を消去。

2 数値のデータの入力

最初に数値を入力してみよう。キーボードの右側のテンキー（数字のキー）を使うと便利である。

テンキーの付いていない機器もあるので，そのときはキーボード上部の数字キーを使う。

① マウスや → ← ↓ ↑ で，数値を入力するセル（A1）をアクティブセルにする。
② 1 2 3 を順に押すと，アクティブセルと数式バーに数値が半角・左詰めで表示される。
③ [Enter] を押すと，入力された数値データは半角・右詰めで表示される。

数字を全角で入力した場合は，自動的に半角に変換される。

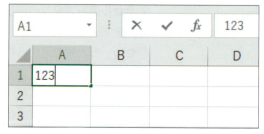

練習 31 例題10のように，A列に残りの数値を入力しなさい。

3 文字列の入力

次に文字列（漢字・ひらがな・カタカナ）を入力してみよう。文字列を入力する前には必ず 半角／全角 を押し，日本語入力システムを起動させる。

日本語入力
半角／全角 を押す。

① マウスや → ← ↓ ↑ で，文字列を入力するセル(B1)をアクティブセルにする。

② J I T E N S Y A と順に入力する。

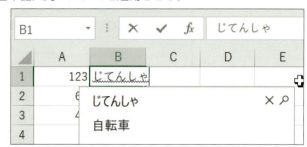

③ Space を押して変換する。 Enter を押すと変換が確定する。

④ もう一度 Enter を押すと文字列が全角・左詰めで表示される。

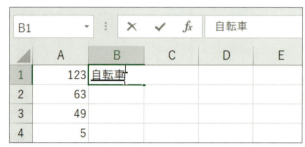

練習32 例題10のように，B列に残りの文字列を入力しなさい。

4 データの消去

これまでにワークシートに入力したデータを消去してみよう。単独のセルを消去するには，データを消去したいセル(A1)をアクティブセルにし， Delete を押すとデータが消去される。次に範囲を指定して消去してみよう。

① マウスでセル(A2)とセル(A3)をドラッグする。
② Delete を押すと，データの消去がされる。

 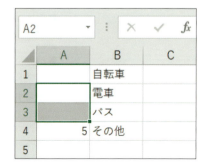

練習33 ワークシート上のすべてのデータを消去しなさい。

参考◆セル範囲の指定……2つ以上のセルを選択するには，選択範囲の左上隅のセルをクリックし，右下隅のセルまでドラッグするか， Shift を押しながら → ← ↓ ↑ を押して範囲を広げることによって選択できる。また，セル(B1)からセル(B3)までのように連続したセルを(B1:B3)と表す。

4 データ入力の基礎　105

5 ファイルの保存と読み込み

データを入力したワークシートを保存してみよう。

売上表 例題11

次のような表を作成し，名前を付けて保存しよう。（ファイル名「売上表1」）

	A	B	C
1	種類	価格	数量
2	焼肉弁当	620	36
3	唐揚弁当	440	52
4	のり弁当	330	47
5	カレー	460	23
6	豚汁	130	42
7	サラダ	100	28
8			

◆◆◆◆◆◆ ファイルの保存（名前を付けて保存）

① 例題11の表を作成する。

② [ファイル]-[名前を付けて保存]-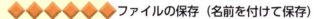(参照)をクリックする。

③ [名前を付けて保存]ダイアログボックスが表示されるので，[PC]-[ドキュメント]をクリックして保存先を指定する。

④ [ファイル名(N)]のボックスに「売上表1」と入力して 保存(S) をクリックする。

⑤ タイトルバーのファイル名が「売上表1」と表示されているのを確認して，タイトルバーの ✕ (閉じる)をクリックする。

上書き保存

参考◆上書き保存……一度保存されたファイルを更新するときに使用する。初めてファイルを保存するときに上書き保存を選択すると，[**名前を付けて保存**]のバックステージビューの画面が表示される。

◆◆◆◆◆**ファイルを開く**

保存したワークシートは読み込んで再編集することができる。

① Excelを起動する。
② [開く]-(参照)をクリックする。
③ [ファイルを開く]ダイアログボックスが表示されるので，[PC]-[ドキュメント]-[売上表1]をクリックして，開く(O)をクリックするとブックが読み込まれる。

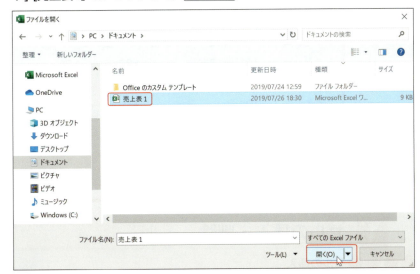

6 印刷

「売上表1」を用紙に印刷してみよう。

① [ファイル]-[印刷]をクリックすると，画面に全体のイメージが表示される。
② (印刷)をクリックすると文書が印刷される。

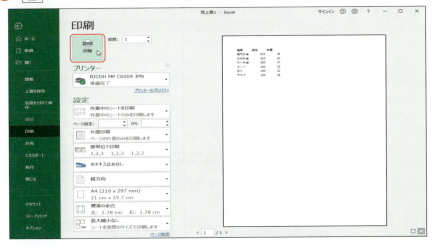

参考◆ページ設定……[ファイル]-[印刷]-[設定]で用紙の向きやサイズなどが指定できる。

◆**拡大縮小印刷**……ワークシートを拡大，または縮小して印刷することができる。データ量が多く，1ページに入らない場合には，[設定]-[シートを1ページに印刷]にすれば，すべてが1ページに収まるように自動的に縮小される。

4 データ入力の基礎 107

5 基本的なワークシートの編集

ここでは，データを操作しながら基本的な編集機能を活用してみよう。

売上表の編集　例題12

「売上表1」を開き，次のように編集してみよう。（ファイル名「売上表2」）

	A	B	C	D	E	F
1	コード	種類	価格	金	土	日
2	101	焼肉弁当	620	36	58	62
3	102	唐揚弁当	440	52	84	76
4	103	カレーライ	440	23	34	37
5	104	のり弁当	330	47	61	67
6	105	サラダ	100	28	35	38
7						

1 セルの挿入・削除

◆◆◆◆◆◆ セルの挿入

① 空白セルを挿入する範囲(A1:A7)をドラッグする。

② [ホーム]-（挿入）をクリックする。

③ 空白セルが挿入され，データが右方向に移動する。

108　5章　Excel入門

参考◆列の挿入……A列全体を選択して，■(挿入)をクリックすると，空白列が挿入される。

ここをクリックする。

	A	B	C	D	E	F
1		種類	価格	数量		
2		焼肉弁当	620	36		
3		唐揚弁当	330	52		
4		のり弁当	440	47		
5		カレー	460	23		
6		豚汁	130	42		
7		サラダ	100			
8						
9						

**セルの削除**

セルの削除

① 削除する範囲(B6:D6)をドラッグする。

② ［ホーム］-■(削除)をクリックすると，指定した範囲(B6：D6)が削除され，データが上方向に移動する。

	A	B	C	D	E
1		種類	価格	数量	
2		焼肉弁当	620	36	
3		唐揚弁当	440	52	
4		のり弁当	330	47	
5		カレー	460	23	
6		豚汁	130	42	
7		サラダ	100	28	
8					

	A	B	C	D	E
1		種類	価格	数量	
2		焼肉弁当	620	36	
3		唐揚弁当	440	52	
4		のり弁当	330	47	
5		カレー	460	23	
6		サラダ	100	28	
7					
8					

参考◆行の削除……行(6行)全体を選択して，■(削除)をクリックすると6行目全体が削除される。

練習34 4行目に空白行を挿入しなさい。

2 移動・コピー

◆◆◆◆◆◆◆ データの移動

切り取り

✂

① 移動する範囲(B6:D6)を
ドラッグし，[ホーム]-✂
(切り取り)をクリックする
と，指定した範囲が点線
で囲まれる。

	A	B	C	D	E
1		種類	価格	数量	
2		焼肉弁当	620	36	
3		唐揚弁当	440	52	
4					
5		のり弁当	330	47	
6		カレー	460	23	
7		サラダ	100	28	
8					

貼り付け

📋

② 移動先セル(B4)をク
リックし，[ホーム]-📋(貼
り付け)をクリックすると
データがセル(B4:D4)に
移動する。

	A	B	C	D	E
1		種類	価格	数量	
2		焼肉弁当	620	36	
3		唐揚弁当	440	52	
4					
5		のり弁当	330	47	
6		カレー	460	23	
7		サラダ	100	28	
8					

**参考◆マウスを利用して移
動する方法**……移動する範囲
(B6:D6)をドラッグする。移
動する範囲の［　　　］の線上
にマウスポインターを合わせ，
になったのを確認し，移
動先セル(B4:D4)までドラッ
グする。

コピー
Ctrl を押しながら
ドラッグするとコピー
になる。

	A	B	C	D	E
1		種類	価格	数量	
2		焼肉弁当	620	36	
3		唐揚弁当	440	52	
4					
5		のり弁当	330	47	
6		カレー	460	23	
7		サラダ	100	28	

◆◆◆◆◆◆◆ データのコピー

コピー

📋

① セル(C3)を選択し，[ホーム]-📋(コピー)をクリックする。

	A	B	C	D	E
1		種類	価格	数量	
2		焼肉弁当	620	36	
3		唐揚弁当	440	52	
4		カレー	460	23	
5		のり弁当	330	47	
6					

110　5章　Excel入門

❷ コピー先(C4)をクリックし，[ホーム]-📋(貼り付け)をクリックする。

	A	B	C	D	E
1		種類	価格	数量	
2		焼肉弁当	620	36	
3		唐揚弁当	440	52	
4		カレー	440	23	
5		のり弁当	330	📋(Ctrl)▼	
6					

練習35 7行目を6行目に移動しなさい。

貼り付けオプション
📋(Ctrl)▼

参考◆ 📋(Ctrl)▼ (貼り付けオプション)……クリックすると，メニューが表示され，数式や値の貼り付けなど貼り付ける形式を選択することができる。

◆右クリックのショートカットメニュー……セルや行(列)番号上で右クリックすると，ミニツールバーとショートカットメニューが表示される。書式の設定やコピーや貼り付けなどのよく使う機能をすばやく選択することができる。

[ミニツールバー]

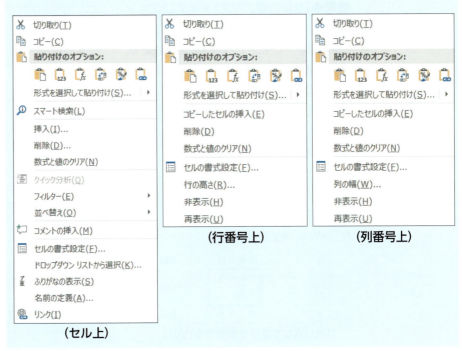

(セル上)　　(行番号上)　　(列番号上)

5　基本的なワークシートの編集　111

3 データの修正

入力されたデータを修正してみよう。まずは「数量」を「金」に修正する。セル(D1)をクリックしてから、空白のセルと同様に、[K][I][N][N]と順に入力し[Space]を押して変換し、[Enter]を2度押して確定する。

	A	B	C	D	E
1		種類	価格	金	
2		焼肉弁当	620	36	

◆◆◆◆◆◆ **データの一部を修正する**

次に「カレー」を「カレーライス」に修正してみよう。

① 修正するセル(B4)をダブルクリックすると、データの編集モードになる。

編集モード
セル(B4)を選択して[F2]を押してもよい。

② カーソルを「カレー」の後ろに合わせ「ライス」と入力し、[Enter]を押す。このとき、データの一部が表示されていないが、これはセルの横幅が文字列の横幅に対して短いからである。セルを選択すると、データは数式バーに表示されるので、確認することができる。

	A	B	C
1		種類	価格
2		焼肉弁当	620
3		唐揚弁当	440
4		カレーライス	
5		のり弁当	330

	A	B	C
1		種類	価格
2		焼肉弁当	620
3		唐揚弁当	440
4		カレーライ	440
5		のり弁当	330

折り返して全体を表示する

参考◆[セルの書式設定]ダイアログボックス……[ホーム]の[配置]ダイアログボックス起動ツールをクリックすると表示される。

◆**折り返して全体を表示する**……[折り返して全体を表示する(W)]を選択すると、セル内で文字列を折り返して複数行になる。

◆**縮小して全体を表示する**……[縮小して全体を表示する(K)]を選択すると、セルのすべてのデータが列内に収まるように、見かけ上の文字のフォントのサイズを縮小する。列の幅を変更すると、文字のサイズが自動的に調整される。

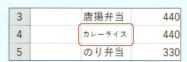

3	唐揚弁当	440
4	カレーライス	440
5	のり弁当	330

[折り返して全体を表示する(W)]

[縮小して全体を表示する(K)]

4　連続データの入力

フィルハンドルを利用して，連続した数値や曜日などの連続データをすばやく入力してみよう。

◆◆◆◆◆◆◆　連続した数値の入力

① セル(A2)に「101」，セル(A3)に「102」を入力する。

② セル(A2：A3)を✚のポインターでドラッグし，□□□□の右下隅の小さな四角形(フィルハンドル)をポイントすると，マウスポインターが✚に変わる。

	A	B	C	D
1		種類	価格	金
2	101	焼肉弁当	620	36
3	102	唐揚弁当	440	52
4		カレーライ	440	23
5		のり弁当	330	47
6		サラダ	100	28
7				

③ そのままフィルハンドルをクリックし，セル(A6)までドラッグする。

	A	B	C	D
1		種類	価格	金
2	101	焼肉弁当	620	36
3	102	唐揚弁当	440	52
4		カレーライ	440	23
5		のり弁当	330	47
6		サラダ	100	28
7	105			

④ マウスの左ボタンから指を離すと，連続した数値が入力される。

	A	B	C	D
1		種類	価格	金
2	101	焼肉弁当	620	36
3	102	唐揚弁当	440	52
4	103	カレーライ	440	23
5	104	のり弁当	330	47
6	105	サラダ	100	28
7				

オートフィルオプション

参考◆ 🖹 (**オートフィルオプション**)……クリックするとメニューが表示され，[**セルのコピー(C)**]などに切り替えることができる。[**連続データ(S)**]を利用すれば，1つのセルから連続データを入力することができる。

6	105	サラダ	100	28
7	🖹▾			
8	○ セルのコピー(C)			
9	◉ 連続データ(S)			
10	○ 書式のみコピー (フィル)(F)			
11	○ 書式なしコピー (フィル)(O)			
12	○ フラッシュ フィル(F)			

5　基本的なワークシートの編集　113

◆◆◆◆◆◆ 曜日データの入力

次に曜日データを入力してみよう。

❶ セル(D1)をクリックし，□□□□の右下隅のフィルハンドルをポイントすると，マウスポインターが✚に変わる。

	A	B	C	D	E
1		種類	価格	金	
2	101	焼肉弁当	620	36	
3	102	唐揚弁当	440	52	

❷ そのままフィルハンドルをクリックし，セル(F1)までドラッグする。

	A	B	C	D	E	F	G
1		種類	価格	金			
2	101	焼肉弁当	620	36		日	
3	102	唐揚弁当	440	52			

❸ マウスの左ボタンから指を離すと，連続した曜日が入力される。

	A	B	C	D	E	F	G
1		種類	価格	金	土	日	
2	101	焼肉弁当	620	36			
3	102	唐揚弁当	440	52			

練習36 例題12のように残りのデータを入力し，ファイル名「売上表2」で保存しなさい。

参考◆[連続データ]ダイアログボックス……[ホーム]-⬇(フィル)-[連続データの作成(S)]をクリックすると表示される。

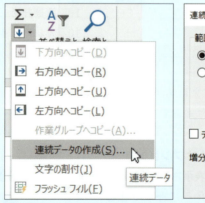
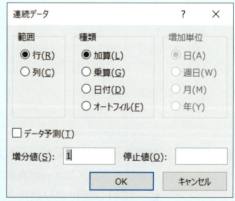

◆[加算(L)]……[増分値(S)]の値を各セルの値に足して，連続データを作成する。
◆[乗算(G)]……[増分値(S)]の値を各セルの値にかけて，連続データを作成する。
◆[日付(D)]……[増分単位]で指定した単位にしたがって，[増分値(S)]の値だけ足して日付の連続データを作成する。

5　数式の入力

数式を利用するといろいろな計算をすることができる。ここでは，合計や平均など
を求めてみよう。

売上表の集計　例題13

例題12で作成した表の合計・平均を求めてみよう。

（ファイル名「売上表3」）

	A	B	C	D	E	F	G	H	I
1	コード	種類	価格	金	土	日	合計	平均	売上金額
2	101	焼肉弁当	620	36	58	62	156	52	96720
3	102	唐揚弁当	440	52	84	76	212	70.66667	93280
4	103	カレーライ	440	23	34	37	94	31.33333	41360
5	104	のり弁当	330	47	61	67	175	58.33333	57750
6	105	サラダ	100	28	35	38	101	33.66667	10100

ファイル「売上表2」を開き，セル（G1）に「合計」，セル（H1）に「平均」，セル（I1）
に「売上金額」と入力する。

算術演算子による計算方法

数式
式の先頭に「＝」を
入力する。

算術演算子
加算…「＋」
減算…「－」
乗算…「＊」
　（アスタリスク）
除算…「／」
　（スラッシュ）
べき乗…「＾」
　（サーカムフレックス）

① 合計を表示するセル（G2）をクリックする。

② キーボードから「＝D2＋E2＋F2」と入力する。

SUM	▼	⋮	×	✓	fx	=D2+E2+F2	

	A	B	C	D	E	F	G	H
1	コード	種類	価格	金	土	日	合計	平均	売上
2	101	焼肉弁当	620	36	58	62	=D2+E2+F2	
3	102	唐揚弁当	440	52	84	76		

③ Enter を押すと，合計が表示される。

参考◆……セルはマウスで選択し，演算子をキーボードで入力してもよい。

◆**数式の再編集**……セルをダブルクリックするか，セルを選択し F2 を押すと数式
を編集することができる。また，セルを選択し，数式バーの式を修正してもよい。

関数による計算方法（オートSUMによる方法）

オートSUM

Σ

SUM関数
＝ SUM（範囲）
指定した範囲の値の
合計を求める。

① セル（D3）から（F3）までドラッグする。

	A	B	C	D	E	F	G	H
1	コード	種類	価格	金	土	日	合計	平均	売上
2	101	焼肉弁当	620	36	58	62	156	
3	102	唐揚弁当	440	52	84	76		
4	103	カレーライ	440	23	34	37		

② ［ホーム］-Σ（オートSUM）をクリックすると，セル（G3）に合計された数値が表
示される。実際には，「＝SUM（D3:F3）」という数式が自動的に入力される。数式
はセル（G3）をクリックすると数式バーで確認できる。

5　基本的なワークシートの編集　115

③ セル(H2)をクリックし，[ホーム]-Σ(オートSUM)の▼をクリックし，[平均(A)]をクリックする。

④ 範囲が自動的に指定され，点滅した線で表示される。

AVERAGE 関数
= AVERAGE(範囲)
指定した範囲の平均を求める。

	A	B	C	D	E	F	G	H	I	J
1	コード	種類	価格	金	土	日	合計	平均	売上金額	
2	101	焼肉弁当	620	36	58	62	156	=AVERAGE(C2:G2)		
3	102	唐揚弁当	440	52	84	76	212	AVERAGE(数値1, [数値2], …)		
4	103	カレーライ	440	23	34	37				

⑤ 平均するデータ範囲(D2：F2)をドラッグして範囲を修正する。

	A	B	C	D	E	F	G	H	I	J
1	コード	種類	価格	金	土	日	合計	平均	売上金額	
2	101	焼肉弁当	620	36	58	62	156	=AVERAGE(D2:F2)		
3	102	唐揚弁当	440	52	84	76	212	AVERAGE(数値1, [数値2], …)		
4	103	カレーライ	440	23	34	37				

⑥ [Enter]を押すと，平均が表示される。

◆◆◆◆◆◆ 数式のコピー

数値や文字列と同じように，数式もコピーすることができる。

① 数式が入力されたセル(G3)をクリックし，アクティブセルにする。

② フィルハンドルをセル(G6)までドラッグすると，数式がコピーされる。

	A	B	C	D	E	F	G	H	I	J
1	コード	種類	価格	金	土	日	合計	平均	売上金額	
2	101	焼肉弁当	620	36	58	62	156	52		
3	102	唐揚弁当	440	52	84	6	212			
4	103	カレーライ	440	23	34	37				
5	104	のり弁当	330	47	61	67				
6	105	サラダ	100	28	35	38				

エラーインジケーター

参考◆エラーインジケーター……合計や平均を計算したセルに表示される緑色の三角形のことであり，入力されている数式にエラーが含まれている可能性を示している。セル(G3)をクリックすると，(エラーチェック)が表示されるのでクリックすると，最上段に「数式は隣接したセルを使用していません」と表示される。これは同行の数値(C3)を使用していないためなので，[エラーを無視する]をクリックすればエラーインジケーターは消える。

◆ステータスバー……複数のセル(D3:F3)を選択すると，ステータスバーに選択したセルの平均，データの個数，合計が表示される。また，ステータスバー上で右クリックし，最大値や最小値などを追加することができる。

平均: 70.66666667　データの個数: 3　合計: 212

練習 37 セル(I2)に売上金額を計算しなさい。なお，売上金額は「価格×合計」とする。また，残りのセルに数式をコピーし，ファイル名「売上表3」で保存しなさい。

116　5章　Excel 入門

6 ワークシートの書式設定

次に，Excelの編集機能を活用して，書式の設定をしてみよう。

売上表の書式設定　例題 14

例題13で作成した「売上表3」に，次のような書式を設定してみよう。

（ファイル名「売上集計表」）

	A	B	C	D	E	F	G	H	I
1			売上集計表						
2	コード	種類	価格	金	土	日	合計	平均	売上金額
3	101	焼肉弁当	¥620	36	58	62	156	52.0	¥96,720
4	102	唐揚弁当	¥440	52	84	76	212	70.7	¥93,280
5	103	カレーライス	¥440	23	34	37	94	31.3	¥41,360
6	104	のり弁当	¥330	47	61	67	175	58.3	¥57,750
7	105	サラダ	¥100	28	35	38	101	33.7	¥10,100

1 列幅と行の高さの変更

◆◆◆◆◆ **列幅を指定して変更する**

列幅は0から255の間で指定できる。この値はセルに表示できる文字数（半角）を表している。既定の列幅は8.38で，0にすると列は非表示になる。

① 変更する列（A列）を選択し，［**ホーム**］-▥（**書式**）-［**列の幅（W）**］をクリックする。

② ［**列の幅**］ダイアログボックスが表示されるので，「6」と入力し**OK**をクリックすると列の幅が変更される。

6　ワークシートの書式設定　117

◆◆◆◆◆◆◆ **マウスを使用して列幅を変更する**

❶ B列とC列の境界線にマウスポインターを合わせると，ポインターが ✛ に変わる。

	A	B	C	D	E	F	G	
1	コード	種類	価格	金	土	日	合計	平均
2	101	焼肉弁当	620	36	58	62	156	
3	102	唐揚弁当	440	52	84	76	212	70.
4	103	カレーライ	440	23	34	37	94	31.
5	104	のり弁当	330	47	61	67	175	58.
6	105	サラダ	100	28	35	38	101	33.
7								

❷ クリックすると列幅が表示されるので，「12.00」になるまで右にドラッグし，指を離すと列幅が変更される。

幅: 12.00 (127 ピクセル)

	A	B	C	D	E	F	G	
1	コード	種類	価格	金	土	日	合計	平均
2	101	焼肉弁当	620	36	58	62	156	
3	102	唐揚弁当	440	52	84	76	212	70.
4	103	カレーライ	440	23	34	37	94	31.
5	104	のり弁当	330	47	61	67	175	58.
6	105	サラダ	100	28	35	38	101	33.
7								

参考◆行の高さの変更……行の高さは列幅の変更と同じように ✛ をドラッグして変更することができる。既定の行の高さは18.75で，0から409の間で指定できる。この値はポイント（1ポイントは1/72インチで約0.35ミリメートル）で表示されており，0にすると非表示になる。通常はデータのフォントサイズに合わせて自動的に変更されるので調整の必要はない。

◆複数の列幅(行の高さ)の変更……D列からF列までの複数の列を同じ幅にしたい場合は，列番号のDからFまでをドラッグしてから列幅を変更すればよい。

◆列幅の自動調整……列幅をデータの長さに合わせて変更するには[**ホーム**]-▦(**書式**)-[**列の幅の自動調整(I)**]を選択するか，列の境界をダブルクリックすればよい。

練習 38 列幅を次のように変更しなさい。

		5.00	各々 3.00			各々 7.00		9.00
	A	B	C	D	E	F	G	H	I

	A	B	C	D	E	F	G	H	I
1	コード	種類	価格	金	土	日	合計	平均	売上金額
2	101	焼肉弁当	620	36	58	62	156	52	96720
3	102	唐揚弁当	440	52	84	76	212	70.6667	93280
4	103	カレーライス	440	23	34	37	94	31.3333	41360
5	104	のり弁当	330	47	61	67	175	58.3333	57750
6	105	サラダ	100	28	35	38	101	33.6667	10100

118　5章　Excel入門

2 表示形式

数値に対して表示形式を適用すると，数値自体はそのままで表示状態のみに変更を加えることができる。

通貨表示形式

通貨表示形式

① 価格のデータ(C2:C6)をドラッグする。

② [ホーム]-　(通貨表示形式)をクリックすると，¥マークが表示される。

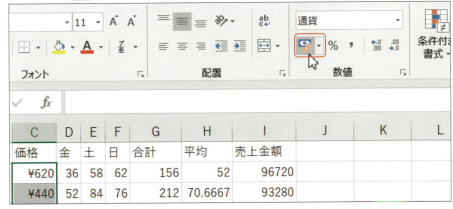

小数点以下の表示

小数点以下の表示
（増やす）
（減らす）

① 平均のデータ(H2:H6)をドラッグする。

② [ホーム]-　(小数点以下の表示桁数を減らす)を何度かクリックし，小数第1位まで表示させる。

	A	B	C	D	E	F	G	H	I
1	コード	種類	価格	金	土	日	合計	平均	売上金額
2	101	焼肉弁当	¥620	36	58	62	156	52.0	96720
3	102	唐揚弁当	¥440	52	84	76	212	70.7	93280
4	103	カレーライス	¥440	23	34	37	94	31.3	41360
5	104	のり弁当	¥330	47	61	67	175	58.3	57750
6	105	サラダ	¥100	28	35	38	101	33.7	10100
7									

桁区切りスタイル

桁区切りスタイル

① 売上金額のデータ(I2:I6)をドラッグする。

② [ホーム]-　(桁区切りスタイル)をクリックすると，カンマが表示される。

	A	B	C	D	E	F	G	H	I
1	コード	種類	価格	金	土	日	合計	平均	売上金額
2	101	焼肉弁当	¥620	36	58	62	156	52.0	96,720
3	102	唐揚弁当	¥440	52	84	76	212	70.7	93,280
4	103	カレーライス	¥440	23	34	37	94	31.3	41,360
5	104	のり弁当	¥330	47	61	67	175	58.3	57,750
6	105	サラダ	¥100	28	35	38	101	33.7	10,100
7									

練習39 売上金額に通貨表示形式を設定しなさい。

3 文字の配置とフォント

文字の配置

Excelでは，文字の横位置は左詰め，数値は右詰めで表示される。これを変更するには［ホーム］の ≡（左揃え），≡（中央揃え），≡（右揃え）を使用すればよい。ここでは，1行目を中央に揃えてみよう。

> 文字の配置
> ≡（左揃え）
> ≡（中央揃え）
> ≡（右揃え）

① 指定する範囲（A1:I1）をドラッグする。
② ［ホーム］-≡（中央揃え）をクリックする。

セルの結合

① 1行目に空白行を挿入し，セル（A1）に「売上集計表」と入力する。
② 結合する範囲（A1:I1）を範囲指定する。
③ ［ホーム］-↔（セルを結合して中央揃え）をクリックする。

> セルを結合して
> 中央揃え
>
> セル番地は，左上のセルの番地になる。

フォント

① セル（A1）をクリックし，［ホーム］-
　游ゴシック　　▼（フォント名）
の ▼ をクリックし「HG丸ゴシックM-PRO」を選ぶ。

② ［ホーム］-11 ▼（フォントサイズ）の ▼ をクリックし，「22」を選び，クリックする。

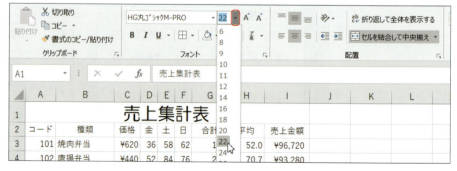

太字
B
斜体
I
下線
U

③ 太字にするため，[ホーム]-**B**(太字)をクリックする。

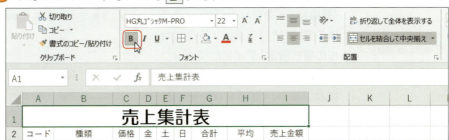

練習40 セル(A1)に斜体を設定しなさい。

4 罫線・塗りつぶし

表として見やすくするために，罫線や塗りつぶしを設定してみよう。

◆◆◆◆◆◆ 罫線

罫線

① 表(A2:I7)を範囲指定し，[ホーム]-（罫線）の▼をクリックし，[格子(**A**)]をクリックする。

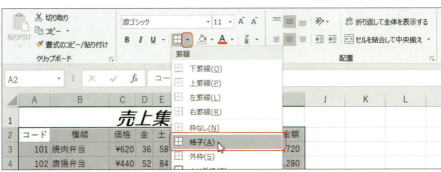

② 見出し行(A2:I2)を範囲指定し，[ホーム]-（罫線）の▼をクリックし，[下二重罫線(**B**)]をクリックする。

	A	B	C	D	E	F	G	H	I	J	K	L
1				売上集計表								
2	コード	種類	価格	金	土	日	合計	平均	売上金額			
3	101	焼肉弁当	¥620	36	58	62	156	52.0	¥96,720			
4	102	唐揚弁当	¥440	52	84	76	212	70.7	¥93,280			
5	103	カレーライス	¥440	23	34	37	94	31.3	¥41,360			
6	104	のり弁当	¥330	47	61	67	175	58.3	¥57,750			
7	105	サラダ	¥100	28	35	38	101	33.7	¥10,100			
8												

6 ワークシートの書式設定　121

セルの書式設定
ダイアログボックス
P.112 参照

参考◆その他の罫線…… (罫線)の▼をクリックし，[その他の罫線(M)]を選択すると，[セルの書式設定]ダイアログボックスが表示される。ここでは線のスタイルや色などをまとめて設定することができる。

◆◆◆◆◆◆ 塗りつぶし

塗りつぶし

① (A2:I2)を範囲指定し，[ホーム]-(塗りつぶし)の▼をクリックし，「薄い青」をクリックする。

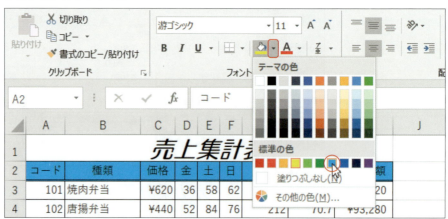

② ファイル名「売上集計表」で保存する。

クリア

参考◆クリア…… セルを選択してから，[ホーム]-(クリア)-[書式のクリア(F)]をクリックすると，設定した書式をすべて消去することができる。

122　5章　Excel入門

7 グラフの作成

1 グラフの用途と基本構成

Excelのグラフは，それぞれ目的に応じた複数のグラフがある。おもなグラフには，次のようなものがある。

	縦棒	データの変化を示したり，項目間の比較を示す。
	折れ線	時間や項目によるデータの傾向を示す。
	円	全体に対する比率を表示する。
	組み合わせ	縦棒と折れ線などを組み合わせて表示する。
	レーダーチャート	中心点を規準にしてデータを相対的に示す。
	散布図	複数のデータ系列の数値間の関係を示す。
	ヒストグラム	分布内での頻度を示す。
	箱ひげ図	データを四分位に分けて示す。

また，(**おすすめグラフ**)を選択すると，データに適したグラフを一覧で表示してくれる。

基本的なグラフの構成は，次のようになっている。

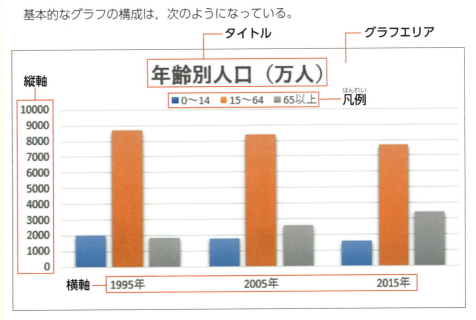

2 棒グラフの作成

年齢別人口（1） 例題 15

次のような年齢別人口のデータを入力し，棒グラフを作成，印刷してみよう。

（ファイル名「年齢別人口1」）

	A	B	C	D
1	年齢別人口（万人）			
2		1995年	2005年	2015年
3	0～14	2001	1752	1608
4	15～64	8716	8409	7688
5	65以上	1826	2567	3394

① 表を作成し，グラフにしたいワークシートの範囲(A2:D5)をドラッグする。

縦棒／棒グラフの挿入

② ［挿入］-（縦棒/横棒グラフの挿入）-（集合縦棒）をクリックするとグラフが作成される。

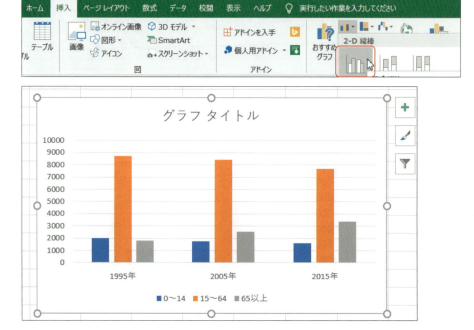

124　5章　Excel 入門

❸ グラフタイトルをクリックすると，編集可能になるので，「年齢別人口（万人）」と変更する。

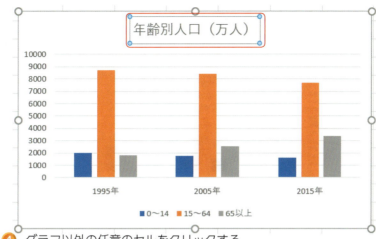

❹ グラフ以外の任意のセルをクリックする。

参考◆ ■ (**積み上げ縦棒**)……項目ごとに値の全体に対する割合を比較することで，各項目と全体との関係を示す。
◆ ■ (**100%積み上げ縦棒**)……項目ごとに値の全体に対する割合を比較する。
◆**グラフツール**……グラフを選択すると，リボンに[**グラフツール**]の[**グラフのデザイン**]と[**書式**]が追加される。

◆◆◆◆◆◆ グラフのスタイル

縦棒グラフには，標準で14種類のグラフスタイルがある。

❶ [**グラフのデザイン**]-[**グラフスタイル**]の ▼ (**その他**)をクリックする。

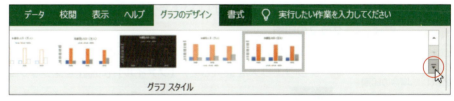

❷ 表示されたメニューから， ■■■ (**スタイル14**)を選択する。

7 グラフの作成　125

◆◆◆◆◆ 位置の変更

① グラフエリアをクリックし，ドラッグアンドドロップする。

◆◆◆◆◆ 大きさの変更

① グラフエリアをクリックすると，グラフの周囲が太線で囲まれる。この枠の右下にある □ にマウスポインターを合わせ，ドラッグして大きさを変更する。

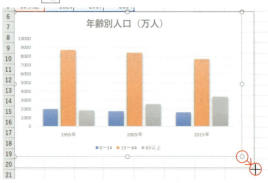

② ファイル名「年齢別人口1」で保存する。

◆◆◆◆◆ グラフの印刷

グラフエリアを選択して印刷を実行すると，グラフだけを印刷することができる。

① グラフエリアを選択して，[ファイル]-[印刷]をクリックする。

グラフ以外の部分を選択した場合の印刷イメージ。

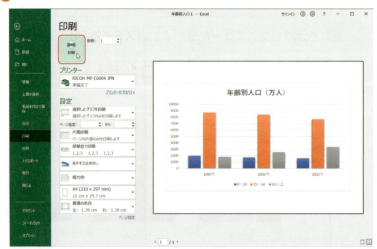

② 🖶(印刷)をクリックすると，グラフが印刷される。

126　5章　Excel入門

3 円グラフの作成

年齢別人口（2）　例題16

例題15のファイル「年齢別人口1」を開き，2015年について次のような円グラフを作成しよう。　　　　（ファイル名「年齢別人口2」）

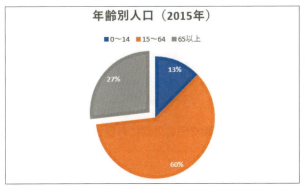

① セル(A2:A5)をドラッグし，セル(D2:D5)を Ctrl を押しながらドラッグする。

② [挿入] - (円またはドーナツグラフの挿入) - (円)をクリックするとグラフが作成される。

円またはドーナツ
グラフの挿入

	A	B	C	D
1	年齢別人口（万人）			
2		1995年	2005年	2015年
3	0～14	2001	1752	1608
4	15～64	8716	8409	7688
5	65以上	1826	2567	3394
6				

③ [グラフのデザイン] - (スタイル8)をクリックする。

④ それぞれの項目の割合が自動的にパーセントで表示される。グラフのタイトルを「年齢別人口(2015年)」と変更する。

⑤ グラフ以外の任意のセルをクリックする。

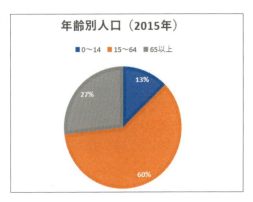

◆◆◆◆◆◆円グラフの切り離し

① グラフエリアをクリックし，さらに切り離したいデータ要素（65以上）をクリックすると，「65以上」のみが選択された状態となる。

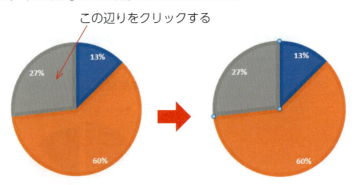

② データ要素を円の外側にドラッグすると，グラフを切り離すことができる。

練習41　右のような印刷イメージになるように，グラフの移動や大きさの変更をしなさい。さらに，ファイル名を「年齢別人口2」として保存しなさい。

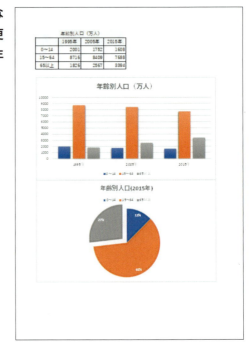

8 グラフの設定の変更

年齢別人口（3） 例題17

例題15のファイル「年齢別人口1」の縦棒グラフから，次のグラフを作成してみよう。（ファイル名「年齢別人口3」）

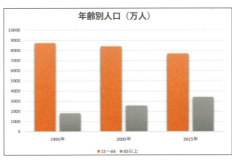

1 系列の変更

系列とは，関連するデータ要素の集まりのことで，各データ系列は色やパターンで区別され，グラフの凡例に示される。ここでは，系列"0～14"を削除し，縦軸と横軸を入れ替えてみよう。

データの選択

① グラフエリアを選択し，[グラフのデザイン]-(データの選択)をクリックすると，[データソースの選択]ダイアログボックスが表示される。

② [凡例項目(系列)(S)]で"0～14"のチェックボックスをクリックして選択を外し，OKをクリックする。

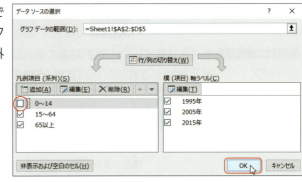

行/列の切り替え

③ [グラフツール]-[デザイン]-(行/列の切り替え)をクリックすると横軸と，凡例が入れ替わる。

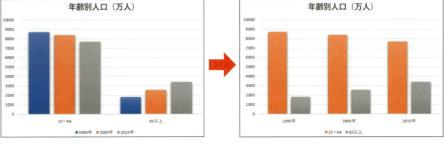

④ ファイル名を「年齢別人口3」で保存する。

2 数値軸目盛の変更

グラフのデータを見やすくするために，目盛線を設定してみよう。

グラフ要素を追加

① ［グラフのデザイン］-（グラフ要素を追加）-［目盛線(G)］-［第1補助横軸(Z)］］をクリックする。

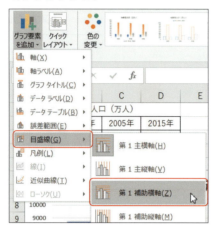

② 表示された補助目盛線をクリックして選択する。

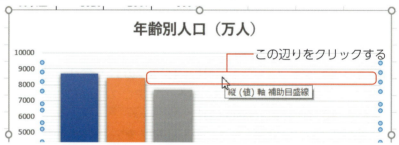

選択対象の書式設定

③ ［書式］-（選択対象の書式設定）をクリックすると，［書式設定］作業ウィンドウが表示されるので，［実線/点線(D)］-［点線(丸)］を選択する。

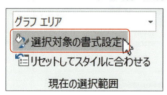

④ ［補助目盛線の書式設定］作業ウィンドウの（閉じる）をクリックし，上書き保存する。

3 グラフの種類の変更

平均気温と降水量 例題18

次のような東京の平均気温と降水量の表から、グラフを作成してみよう。

(ファイル名「平均気温と降水量」)

	A	B	C	D	E	F	G	H	I	J	K	L	M
1	東京の平均気温と降水量（2018年）												
2		1月	2月	3月	4月	5月	6月	7月	8月	9月	10月	11月	12月
3	平均気温	4.7	5.4	12	17	20	22	28	28	23	19	14	8.3
4	降水量	49	20	220	109	166	156	107	87	365	62	63	44
5													

① 表を作成し、データ範囲セル（A2：M4）をドラッグする。

複合グラフの挿入

② [挿入]-（複合グラフの挿入）-（集合縦棒-折れ線）をクリックする。

グラフの種類の変更

③ グラフが作成されるので、[グラフのデザイン]-（グラフの種類の変更）をクリックすると、[グラフの種類の変更]ダイアログボックスが表示されるので、[平均気温]-（折れ線）、[降水量]-（集合縦棒）を選択して OK をクリックする。

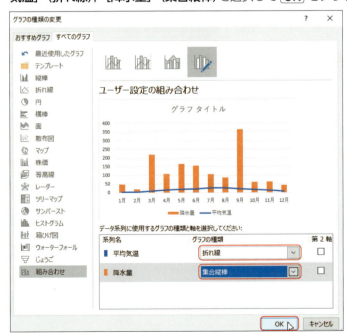

8 グラフの設定の変更　131

4 データ系列の書式設定

平均気温と降水量の値の範囲は大きく異なるので，第2軸を追加して，グラフを見やすくしてみよう。

① [グラフのデザイン]-■(グラフの種類の変更)をクリックすると，[グラフの種類の変更]ダイアログボックスが表示されるので，[降水量]の第2軸のチェックボックスをクリックして選択し，[OK]をクリックする。

② 降水量を表す第2軸が，グラフの右側に表示される。

5 軸ラベルの設定

① [グラフのデザイン]-■(グラフ要素を追加)-[軸ラベル(A)]-[第1縦軸(V)]をクリックすると，軸ラベルが表示される。

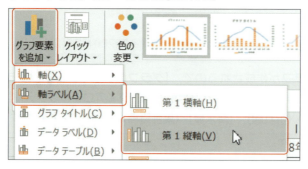

② [書式]-■(選択対象の書式設定)をクリックする。[軸ラベルの書式設定]作業ウィンドウが表示されるので，■(サイズとプロパティ)をクリックし，[文字列の方向(X)]-[縦書き(半角文字含む)]を選択する。

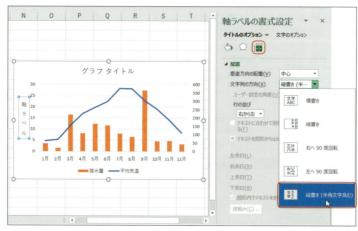

❸ 「気温(℃)」と入力する。また，タイトルを「東京の平均気温と降水量(2018年)」とする。

「℃」は「ど」と入力して変換する。

練習 42　第2縦軸ラベルを配置して「降水量(mm)」と縦書きで表示しなさい。また，ファイル名を「平均気温と降水量」として保存しなさい。

「mm」は「ミリ」と入力して変換す

6 データラベルの設定

データラベルを設定し，値をグラフに表示してみよう。

❶ 系列"降水量"をクリックして選択する。

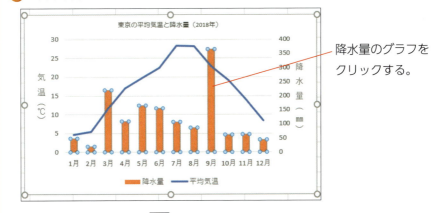

降水量のグラフをクリックする。

❷ [グラフのデザイン]-(グラフ要素を追加)-[データラベル(D)]-[外側(O)]をクリックする。

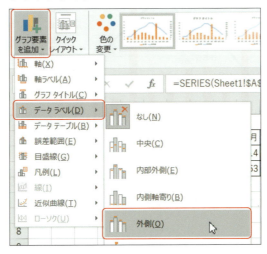

8　グラフの設定の変更　133

❸ データラベルが表示される。

7 フォントの変更

グラフエリアを選択してフォントの設定をすると，グラフ全体のフォントが変更される。

❶ ［ホーム］- Calibri 本文 ▼ （フォント）の ▼ をクリックし「HG丸ゴシックM - PRO」をクリックする。

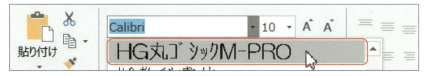

❷ ［ホーム］- 10 ▼ （フォントサイズ）の ▼ をクリックして「8」を選択する。

❸ グラフ全体のフォントが変更される。

練習43　グラフタイトルをクリックして，グラフタイトルのフォントを「12」ポイントに変更し，上書き保存しなさい。

134　5章　Excel 入門

実習 16　次のような表を作成し，ファイル名「8月の練習予定」で保存しなさい。

	A	B	C	D	E	F	G
1	8月の練習予定						
2	月	火	水	木	金	土	日
3							1
4							OFF
5	2	3	4	5	6	7	8
6	PM	PM	PM	OFF	PM	AM	OFF
7	9	10	11	12	13	14	15
8	PM	PM	PM	OFF	OFF	OFF	OFF
9	16	17	18	19	20	21	22
10	PM	PM	PM	OFF	PM	AM	OFF
11	23	24	25	26	27	28	29
12	PM	PM	PM	OFF	PM	大会	大会
13	30	31					
14	OFF	OFF					

●処理条件………
① 列幅や文字のサイズ，色は適宜変更する。
② セル（A1）からセル（G1）は，セルを結合して中央揃えにする。
③ データの配置は中央揃えにする。
④ セルの塗りつぶしは「薄い灰色，背景2」にする。

実習 17　次のような表を作成し，ファイル名「旅行計画書」で保存しなさい。

	A	B	C	D	E	F
1	旅行計画書					
2	月日	スケジュール	食事			費用
3			朝	昼	晩	
4	9月19日	高速バス（新宿～京都）		○	○	¥7,500
5		京都観光ホテル				¥12,000
6	9月20日	市内観光				各自
7		JR東海道本線	○		○	¥780
8		大阪ビジネスホテル				¥9,800
9	9月21日	テーマパーク入場料	○			¥8,200
10		新幹線（新大阪～東京）				¥14,450
11					合計	※

●処理条件………
① 列幅や文字のサイズは適宜変更する。
② セル（A1）からセル（F1）は，セルを結合して中央揃えにする。
③ 表の必要な部分は，セルを結合し中央揃えする。
④ 月日の「9月19日」は「9/19」と入力する。
⑤ ※には「費用」の合計を求める。

実習問題　135

実習 18 次のような表を作成し，ファイル名「山の標高」で保存しなさい。

	A	B	C	D	E
1	日本の山の標高ベスト１０				
2	順位	山名	よみ	標高(m)	差
3	1	富士山	ふじさん	3,776	
4	2	北岳	きただけ	3,193	※
5	3	奥穂高岳	おくほたかだけ	3,190	※
6	3	間ノ岳	あいのだけ	3,190	※
7	5	槍ヶ岳	やりがたけ	3,180	※
8	6	悪沢岳	わるさわだけ	3,141	※
9	7	赤石岳	あかいしだけ	3,120	※
10	8	涸沢岳	からさわだけ	3,110	※
11	9	北穂高岳	きたほたかだけ	3,106	※
12	10	大喰岳	おおばみだけ	3,101	※
13					

●処理条件………
① 列幅や文字のサイズは適宜変更する。
② セル(A1)からセル(E1)は，セルを結合して中央揃えにする。
③ ２行目は，中央揃えにする。
④ ※の「差」は，「(3,776m)－各山の標高」で求める。

実習 19 次のような表を作成し，ファイル名「売上実績表」で保存しなさい。

	A	B	C	D
1	売上実績表			
2	担当者	先月	今月	伸び率
3	伊藤	¥500,000	¥550,000	※
4	江藤	¥450,000	¥405,000	※
5	佐藤	¥350,000	¥280,000	※
6	須藤	¥300,000	¥300,000	※

●処理条件………
① 列幅や文字のサイズは適宜変更する。
② セル(A1)からセル(D1)は，セルを結合して中央揃えにする。
③ ２行目は，中央揃えにする。
④ 金額は，通貨表示形式にする。
⑤ ※の「伸び率」は，「今月÷先月－1」で求め，％で整数表示する。

136　5章　Excel 入門

実習 20　次のような表とグラフを作成し，ファイル名「生徒通学状況」で保存しなさい。

	A	B	C	D	E	F	G
1	生徒通学方法調べ						
2		自転車	電車	バス	徒歩	その他	合計
3	1年生	112	26	34	20	8	※
4	2年生	106	28	38	17	12	※
5	3年生	97	32	40	16	14	※
6	全学年	※	※	※	※	※	※

●処理条件………

① 列幅や文字のサイズは適宜変更する。
② セル(A1)からセル(G1)は，セルを結合して中央揃えにする。
③ 2行目とA列は，中央揃えにする。
④ ※はセル(B3:G6)を選択して，∑(オートSUM)をクリックする。
⑤ 棒グラフと円グラフを作成する。

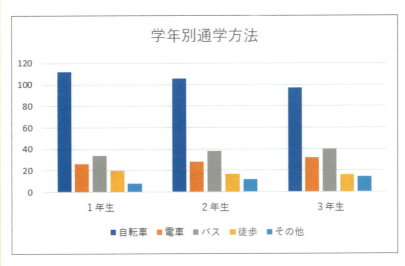

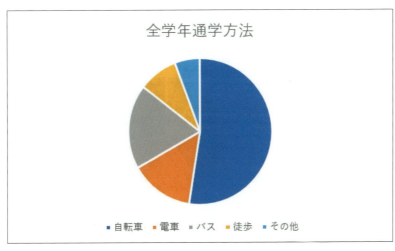

実習 2-1 次のような表を作成し，ファイル名「ハンバーガー売上集計表」で保存しなさい。

	A	B	C	D	E	F	G	H	I	J	K
1	売上集計表											
2	種類	単価	月	火	水	木	金	土	日	合計数量	売上金額
3	ハンバーガー	260	67	76	95	38	97	131	126	※1	※2
4	チーズバーガー	280	86	94	86	96	76	120	115	※1	※2
5	ポテトセット	340	27	27	31	37	47	72	80	※1	※2
6	サラダセット	370	10	16	25	24	30	42	39	※1	※2
7	ドリンク	210	41	45	36	17	32	66	58	※1	※2

●処理条件………
① 列幅や文字のサイズは適宜変更する。
② セル(A1)からセル(K1)は，セルを結合して中央揃えにする。
③ 2行目は，中央揃えにする。
④ ※1の「合計数量」は月～日までの合計を求める。
⑤ ※2の「売上金額」は，「単価×合計数量」で求め，通貨表示形式にする。
⑥ 折れ線グラフと円グラフを作成する。

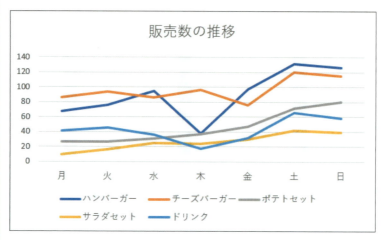

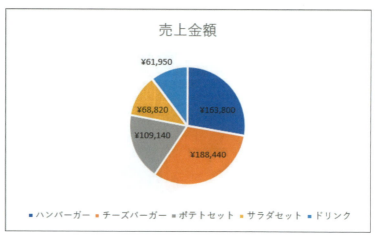

実習 22 次のような表を作成し，ファイル名「紅茶売上一覧表」で保存しなさい。

	A	B	C	D	E	F	G
1			紅茶売上一覧表				
2	コード	銘柄	A支店	B支店	C支店	支店合計	支店平均
3	501	セイロン	65,000	78,000	52,000	※1	※2
4	502	ダージリン	65,000	86,000	62,000	※1	※2
5	503	キーマン	73,000	97,000	76,000	※1	※2
6	504	オレンジペコ	60,000	51,000	87,000	※1	※2
7	505	アールグレイ	82,000	67,000	76,000	※1	※2
8		合計	※1	※1	※1	※1	※2
9		平均	※2	※2	※2	※2	※2

●処理条件………

① 列幅や文字のサイズは適宜変更する。
② セル(A1)からセル(G1)は，セルを結合して中央揃えにする。
③ ２行目は，中央揃えにする。
④ ※１の「合計」と※２の「平均」は，関数などを利用して計算する。
⑤ 数値は，桁区切りスタイルにする。
⑥ 積み上げ棒グラフと円グラフを作成する。

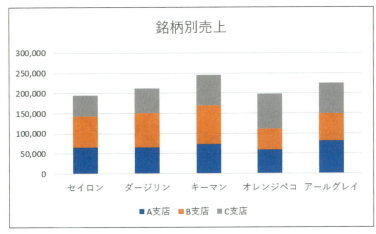

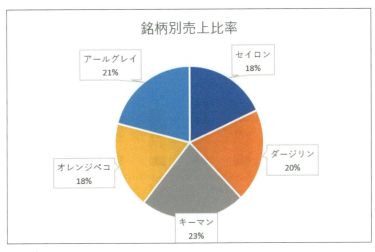

実習 23 次のような表を作成し，ファイル名「CD売上」で保存しなさい。

	A	B	C	D	E	F	G	H	I	J
1					CD売上枚数					
2	歌手名	4月	5月	6月	7月	8月	9月	10月	合計	平均
3	斉藤　結	31,900	27,300	15,200	23,000	23,900	42,900	6,900	※1	※2
4	井波　小百合	37,300	15,200	40,900	20,200	30,300	30,900	38,600	※1	※2
5	近藤　秀介	43,700	44,800	44,900	11,200	36,200	20,400	15,800	※1	※2
6	沢木　透	31,400	22,600	32,000	38,900	8,700	42,800	21,900	※1	※2
7	宗像　宗次	36,400	16,900	7,600	10,400	30,400	37,200	26,100	※1	※2
8	佐久間　道子	5,200	11,500	18,600	38,200	8,600	31,300	20,300	※1	※2
9	合計	※1	※1	※1	※1	※1	※1	※1	※1	※1
10	平均	※2	※2	※2	※2	※2	※2	※2	※2	※2

●処理条件………

① 列幅や文字のサイズは適宜変更する。
② セル(A1)からセル(J1)は，セルを結合して中央揃えにする。
③ 2行目とA列は，中央揃えにする。
④ ※1の「合計」と※2の「平均」は，関数などを利用して計算する。
⑤ 「平均」は，整数で表示する。
⑥ 数値は，桁区切りスタイルにする。
⑦ 折れ線グラフと積み上げ棒グラフを作成する。

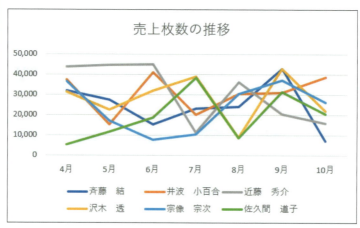

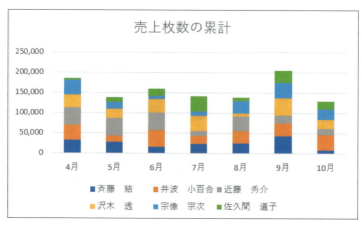

実習 24

次のような表を作成し，ファイル名は「校内模試成績表」で保存しなさい。

	A	B	C	D	E	F	G
1	校内模試成績表						
2		第1回	第2回	第3回	第4回	第5回	平均
3	国語	69	74	72	87	78	※
4	社会	69	76	64	72	84	※
5	数学	64	55	63	59	47	※
6	理科	45	35	52	54	32	※
7	英語	88	84	73	91	85	※
8	国数英	※	※	※	※	※	※
9	国社英	※	※	※	※	※	※
10	数理英	※	※	※	※	※	※
11	5教科	※	※	※	※	※	※

●処理条件………

① 列幅や文字のサイズは適宜変更する。
② セル(A1)から(G1)は，セルを結合して中央揃えにする。
③ 2行目とA列は中央揃えにする。
④ ※の「国数英」「国社英」「数理英」には各教科の合計を計算する。
⑤ 「5教科」は，5教科の合計を計算する。
⑥ 「平均」を計算する。「平均」は，小数第1位まで表示する。
⑦ 折れ線グラフとレーダーチャートを作成する。

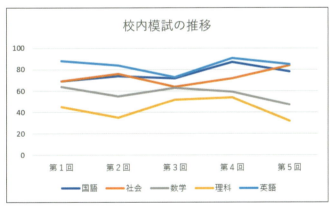

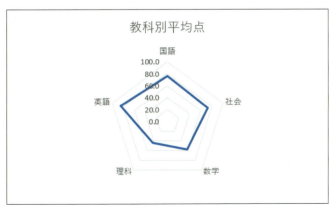

実習 25 次のような表を作成し，ファイル名「沖縄県那覇市の気象データ」で保存しなさい。

	A	B	C	D	E	F	G	H	I	J	K	L	M
1	沖縄県那覇市の年間気象データ（２０１８）												
2		１月	２月	３月	４月	５月	６月	７月	８月	９月	１０月	１１月	１２月
3	平均気温(℃)	17.2	16.9	19.9	21.6	25.6	27.8	28.3	28.5	28.4	23.9	23.1	20.4
4	最高気温(℃)	24.1	24.7	27.4	28.4	31.6	32.9	33.1	32.4	32.5	28.3	27.6	29.4
5	最低気温(℃)	9.3	9.6	12.8	13.2	16.7	23.2	24.5	24.2	24.8	18.8	18.9	13.2
6	降水量(mm)	150.5	84.0	100.5	126.0	33.0	218.5	429.0	310.0	334.5	375.0	160.5	148.0

●処理条件………
① 列幅や文字のサイズは適宜変更する。
② セル(A1)からセル(M1)は，セルを結合して中央揃えにする。
③ ２行目とＡ列は，中央揃えにする。
④ 複合グラフを作成する。
⑤ グラフの書式を適切に設定する。

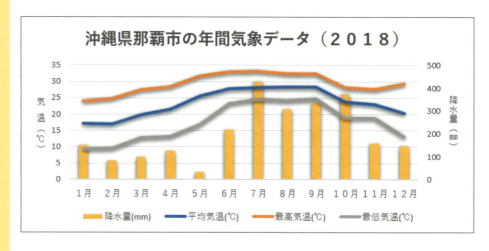

ヒント 「℃」「mm」は「ど」「みり」の読みで入力する。
横軸の軸ラベルが斜めになってしまう場合は，グラフ全体を横に広げる。

実習 26

次のような表とグラフを作成し，ファイル名「商品別売上」で保存しなさい。

	A	B	C	D	E	F	G	H
1	商品別売上							
2	番号	品名	販売台数	定価	割引率	割引金額	販売金額	売上金額
3	1	ノートＰＣ	303	¥128,000	10%	※1	※2	※3
4	2	タブレットＰＣ	2458	¥32,800	30%	※1	※2	※3
5	3	ロボット掃除機	311	¥64,800	8%	※1	※2	※3
6	4	液晶テレビ	124	¥298,000	20%	※1	※2	※3
7	5	電子辞書	814	¥29,800	5%	※1	※2	※3

●処理条件………

① 列幅や文字の大きさは適宜変更する。
② 割引率はパーセントスタイルで，定価，割引金額，販売金額，売上金額は通貨表示形式で表示する。
③ ※1の「割引金額」は，（割引率）×（定価）で求める。
④ ※2の「販売金額」は，（定価）-（割引金額）で求める。
⑤ ※3の「売上金額」は，（販売台数）×（販売金額）で求める。
⑥ 下のようなグラフを作成する。グラフの体裁は自由に変更してよい。

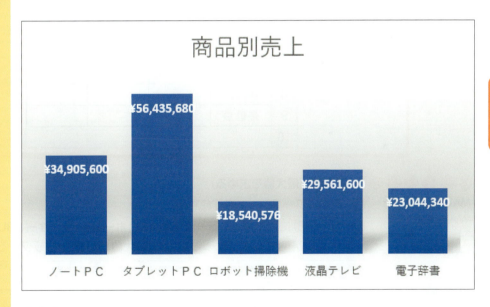

ヒント
・離れたセルの指定（B列，H列）は，Ctrlを押しながら，マウスで範囲を指定する。
・グラフスタイルから「スタイル4」を選択する。

6章 Excelの基礎

1 オートSUMの利用

1 最大値・最小値（MAX・MIN）

ミニテスト1 例題 19

　次のようなミニテスト集計表を作成し，各回の最高点と最低点を計算しよう。

（ファイル名「ミニテスト 1」）

	A	B	C	D
1	ミニテスト集計表			
2	氏名	第1回	第2回	第3回
3	A	40	44	36
4	B	欠席	24	欠席
5	C	30	50	40
6	D	38	38	欠席
7	E	42	48	38
8	最高点			
9	最低点			
10				

◆◆◆◆◆◆ MAX 関数（最大値を求める）

MAX 関数
=MAX（範囲）
範囲のうち，最大値を表示する。

オート SUM が使える関数
合計 SUM
平均 AVERAGE
数値の個数 COUNT
最大値 MAX
最小値 MIN

セルのサイズ
セルのサイズは，文字数に合わせて適宜調整しよう。

① 例題のワークシートを作成する。

② セル（B8）にセルポインターを移動し，[**ホーム**]-∑（**オートSUM**）の右の▼をクリックし，ドロップダウンリストの[**最大値（M）**]をクリックする。

	A	B	C	D
1	ミニテスト集計表			
2	氏名	第1回	第2回	第3回
3	A	40	44	36
4	B	欠席	24	欠席
5	C	30	50	40
6	D	38	38	欠席
7	E	42	48	38
8	最高点			
9	最低点			

∑ 合計（S）
　平均（A）
　数値の個数（C）
　最大値（M）
　最小値（I）
　その他の関数（F）...

144　6章　Excelの基礎

❸ セル(B3:B7)をドラッグして Enter を押すと，セル(B8)に「42」と表示される。
※セル(B8)に入力されている数式は，=MAX(B3:B7)

	A	B	C	D
1	ミニテスト集計表			
2	氏名	第1回	第2回	第3回
3	A	40	44	36
4	B	欠席	24	欠席
5	C	30	50	40
6	D	38	38	欠席
7	E	42	48	38
8	最高点	=MAX(B3:B7)		
9	最低点	MAX(**数値1**, [数値2], …)		

	A	B	C	D
1	ミニテスト集計表			
2	氏名	第1回	第2回	第3回
3	A	40	44	36
4	B	欠席	24	欠席
5	C	30	50	40
6	D	38	38	欠席
7	E	42	48	38
8	最高点	42		
9	最低点			

◆◆◆◆◆◆ **MIN 関数（最小値を求める）**

> **MIN 関数**
> =MIN（範囲）
> 範囲のうち，最小値を表示する。

❶ セル(B9)にセルポインターを移動し，[**ホーム**]-Σ(**オートSUM**)の右の ▼ をクリックし，ドロップダウンリストの[**最小値(I)**]をクリックする。

	A	B	C	D
1	ミニテスト集計表			
2	氏名	第1回	第2回	第3回
3	A	40	44	36
4	B	欠席	24	欠席
5	C	30	50	40
6	D	38	38	欠席
7	E	42	48	38
8	最高点	42		
9	最低点			

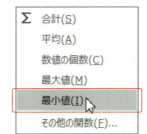

1 オートSUMの利用　145

❷ セル（B3:B7）をドラッグして Enter を押すと，セル（B9）に「30」と表示される。
　※セル（B9）に入力されている数式は，=MIN（B3:B7）

	A	B	C	D
1	ミニテスト集計表			
2	氏名	第1回	第2回	第3回
3	A	40	44	36
4	B	欠席	24	欠席
5	C	30	50	40
6	D	38	38	欠席
7	E	42	48	38
8	最高点	42		
9	最低点	=MIN(B3:B7)		
10		MIN(数値1, [数値2], …)		

	A	B	C	D
1	ミニテスト集計表			
2	氏名	第1回	第2回	第3回
3	A	40	44	36
4	B	欠席	24	欠席
5	C	30	50	40
6	D	38	38	欠席
7	E	42	48	38
8	最高点	42		
9	最低点	30		
10				

練習44　数式のコピーを利用して第2回と第3回の最大値と最小値を表示し，ファイル名「ミニテスト1」で保存しなさい。

2　数値の個数（COUNT）

ミニテスト2　例題20

　ファイル名「ミニテスト1」のワークシートへ受験回数と平均点を追加しよう。　　　　　　　　　　　　　　　　　　　　（ファイル名「ミニテスト2」）

	A	B	C	D	E	F
1	ミニテスト集計表					
2	氏名	第1回	第2回	第3回	受験回数	平均点
3	A	40	44	36		
4	B	欠席	24	欠席		
5	C	30	50	40		
6	D	38	38	欠席		
7	E	42	48	38		
8	最高点	42	50	40		
9	最低点	30	24	36		
10						

＜処理条件＞
① 受験回数は COUNT 関数を使用し，欠席を除く回数を数える。
② 平均点は小数第1位まで表示する。

146　6章　Excelの基礎

◆◆◆◆◆◆COUNT関数（数値の個数を求める）

COUNT関数
=COUNT（範囲）
範囲のセルのうち，数値の入力されているセルの件数を表示する。

① ファイル名「ミニテスト1」を開き，例題のワークシートを作成する。
② セル(E3)にセルポインターを移動し，[ホーム]-Σ(オートSUM)の右の▼をクリックし，ドロップダウンリストの**[数値の個数(C)]**をクリックする。

③ セル範囲に(B3:D3)が選択されているので，Enterを押すと，セル(E3)に「3」と表示される。
　※セル(E3)に入力されている数式は，=COUNT(B3:D3)

④ セル(F3)にセルポインターを移動し，[ホーム]-Σ(オートSUM)の右の▼をクリックし，ドロップダウンリストの**[平均(A)]**をクリックする。

⑤ セル(B3:D3)をドラッグしてEnterを押すと，セル(F3)に「40」と表示されるので，セル(F3)にセルポインターを移動し，[ホーム]-←.0/.00(**小数点以下の桁数を増やす**)をクリックすると「40.0」と表示される。
　※セル(F3)に入力されている数式は，=AVERAGE(B3:D3)

練習45 数式のコピーを利用して氏名「B」から「E」についても受験回数と平均点を表示し，ファイル名「ミニテスト2」で保存しなさい。

1　オートSUMの利用　147

2 関数の挿入

1 順位づけ（RANK.EQ）

ミニテストの順位　例題21

ファイル名「ミニテスト2」のワークシートへ順位を追加しよう。

（ファイル名「ミニテスト3」）

	A	B	C	D	E	F	G	H
1	ミニテスト集計表							
2	氏名	第1回	第2回	第3回	受験回数	平均点	順位	
3	A	40	44	36	3	40.0		
4	B	欠席	24	欠席	1	24.0		
5	C	30	50	40	3	40.0		
6	D	38	38	欠席	2	38.0		
7	E	42	48	38	3	42.7		
8	最高点	42	50	40				
9	最低点	30	24	36				
10								

＜処理条件＞
① 順位はRANK.EQ関数を使用して，平均点の高い順に順位をつける。

RANK.EQ関数

=RANK.EQ（数値，範囲，順序）
順序にしたがって参照範囲内の数値を並べ替えたとき，数値が何番目に位置するかを表示する。

RANK関数

=RANK（数値，範囲，順序）
RANK関数は，RANK.EQ関数と同様の機能である。

RANK.EQ関数（順位づけをする）

① ファイル名「ミニテスト2」を開き，例題21のワークシートを作成する。

② セル（G3）にセルポインターを移動し，［数式］-　（その他の関数）-　（統計）-［RANK.EQ］をクリックする。

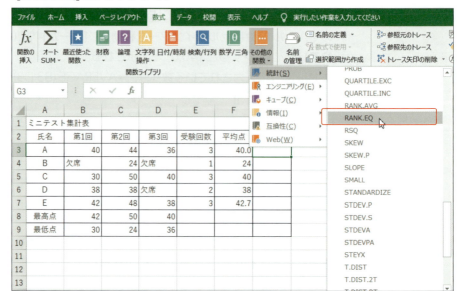

148　6章　Excelの基礎

セルの指定
指定したいセル範囲を直接入力するか,マウスでドラッグして指定する。

❸ [**数値**]の入力ボックスにセル「F3」, [**参照**]の入力ボックスに「$F$3:$F$7」, [**順序**]の入力ボックスに「0」と, それぞれ半角で入力する。

RANK.EQ 関数の「順序」
「0」が降順(大→小の順)で,「1」が昇順(小→大の順)である。省略すると「降順」になる。

❹ [OK]をクリックすると, セル(G3)に「2」と表示される。
※セル(G3)に入力されている数式は, =RANK.EQ(F3,$F$3:$F$7,0)

	A	B	C	D	E	F	G
1	ミニテスト集計表						
2	氏名	第1回	第2回	第3回	受験回数	平均点	順位
3	A	40	44	36	3	40.0	2
4	B	欠席	24	欠席	1	24.0	
5	C	30	50	40	3	40.0	
6	D	38	38	欠席	2	38.0	
7	E	42	48	38	3	42.7	
8	最高点	42	50	40			
9	最低点	30	24	36			

参考◆相対参照と絶対参照……上の例題で相対参照(F3:F7)のままセル(G3)の数式をセル(G4)からセル(G7)にコピーすると, 参照する範囲がずれてしまい, 正しい順位が得られない。したがって, 参照する範囲の指定は, コピーしてもずれることがない絶対参照($F$3:$F$7)にしておく必要がある。、

◆相対参照と絶対参照の切り替え……範囲を指定してキーボードの[F4]キーを押すことで, 簡単に切り替えることができる。

　①相対参照　　　　　　　　　　(F3)
　②絶対参照　列・行ともに固定　　($F$3)
　③複合参照　行のみ固定　　　　(F$3)
　④複合参照　列のみ固定　　　　($F3)

[F4]キーを1回押すごとに, 上の①から④の順に変更することができる。

練習46 数式のコピーを利用して氏名「B」から「E」についても順位を表示し, ファイル名「ミニテスト3」で保存しなさい。

2 四捨五入（ROUND）

イベントの負担金　例題22

5つの団体が合同のイベントを企画した。施設等の使用料が328,000円かかるので，各団体の加入者数に応じて負担することにした。各団体の負担金額を求めよう。

（ファイル名「イベント負担金」）

	A	B	C	D	E
1	イベント負担金				
2	団体	加入者数	負担金額		
3	スカイ	173			
4	レッド	124			
5	ルナ	109			
6	リッチ	87			
7	スター	26			使用料
8	合計	519			328,000
9					

＜処理条件＞
① 負担金額は，使用料×加入者数÷加入者数の合計で計算する。
② 加入者数の合計と負担金額の合計は，SUM関数を使用して計算する。
③ 負担金額はROUND関数を使用して，百円単位に四捨五入する。
④ 負担金額と使用料は，桁区切りスタイルを設定する。

ROUND関数
=ROUND（数値，桁数）
数値を（小数点から数えて）指定した桁数に四捨五入する。

◆ROUND関数（四捨五入する）

① 例題22のワークシートを作成する。
② セル（C3）にセルポインターを移動し，[数式]-[数学/三角]-[ROUND]をクリックする。

150　6章　Excelの基礎

数式内の絶対参照

数式をコピーしても各団体とも同じ値（セル）を参照したいので、使用料（E8）と加入者数の合計（B8）は絶対参照にしておく。

ROUND関数の桁数

1234.567 を次の桁数で四捨五入すると以下のようになる。

桁数	結果
「1」	1234.6
「0」	1235
「-1」	1230
「-2」	1200

❸ [数値]の入力ボックスに「使用料×加入者数÷加入者数の合計」に対応する数式「$E$8＊B3/$B$8」を半角で入力する。[桁数]の入力ボックスに「-2」を半角で入力する。

❹ [OK]をクリックすると、セル（C3）に「109300」と表示されるので、[ホーム]- , （桁区切りスタイル）をクリックして「109,300」にする。

※セル（C3）に入力されている数式は、=ROUND($E$8＊B3/$B$8,-2)

	A	B	C
1	イベント負担金		
2	団体	加入者数	負担金額
3	スカイ	173	109300
4	レッド	124	

→ 負担金額 109,300

練習47 数式のコピーを利用して団体名「レッド」から「スター」についても負担金額と、負担金額の合計を表示し、ファイル名「イベント負担金」で保存しなさい。

ROUNDUP 関数

=ROUNDUP（数値，桁数）
数値を（小数点から数えて）指定した桁数に切り上げする。

ROUNDDOWN 関数

=ROUNDDOWN（数値，桁数）
数値を（小数点から数えて）指定した桁数に切り捨てする。

表示形式の四捨五入

[ホーム]- .00→.0 （小数点以下の表示桁数を減らす）をクリックする。

参考◆切り上げと切り捨て……ROUNDは数値を「四捨五入」するのに対して、ROUNDUPは「切り上げ」、ROUNDDOWNは「切り捨て」する。

値			
1234.567			
	四捨五入	切り上げ	切り捨て
桁数	ROUND	ROUNDUP	ROUNDDOWN
1	1234.6	1234.6	1234.5
0	1235	1235	1234
-1	1230	1240	1230
-2	1200	1300	1200

◆ROUND関数と表示形式の計算結果の違い……ROUND関数と表示形式（小数点以下の桁数を減らす）による四捨五入では、みかけは同じ値でも、計算結果が異なることがある。結果のセル値を後の処理で使用する場合には、注意が必要である。

	ROUND関数		表示形式		
0.25	0.3	0.25	0.3		みかけは0.3だがセル内は0.25のままである
↓4倍		↓4倍			
	1.2 正		1 誤		

3 判定（IF）

指定した条件を満たすかどうか判定して，処理を選択するときに使用するのがIF関数である。

 計算テスト1 例題 23

次の計算テスト結果を入力し，判定を表示しよう。

（ファイル名「計算テスト 1」）

	A	B	C	D
1	計算テスト判定			
2	生徒番号	目標点	得点	判定
3	1A01	95	98	
4	1A02	85	88	
5	1A03	80	78	
6	1A04	90	93	
7	1A05	70	57	
8				

＜処理条件＞
① 判定は IF 関数を使用する。
② 得点が目標点以上の場合は「○」，目標点未満の場合は「×」を表示する。

◆◆◆◆◆◆ IF 関数（条件を判定し，処理を選択する）

IF 関数
=IF（条件，真の場合，偽の場合）
条件が真と偽の場合によって処理を選択する。

① 例題23のワークシートを作成する。
② セル（D3）にセルポインターを移動し，［数式］-［?］（論理）-［IF］をクリックする。

152　6章　Excelの基礎

論理式で用いる比較演算子

= 等しい
<> 等しくない
> より大きい
< 未満
>= 以上
<= 以下

カーソルの移動

Tab キー，またはマウスを使用する。

❸ [論理式]の入力ボックスに「B3<=C3」と半角で入力する。

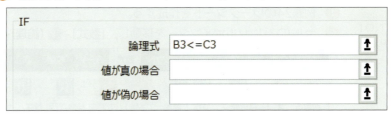

❹ [真の場合]の入力ボックスに「○」を，[偽の場合]の入力ボックスに「×」を入力する（○や×を入力した後，カーソルを移動すると，自動的に「"」がつく）。

❺ [OK]をクリックすると，セル(D3)に「○」と表示される。
※セル(D3)に入力されている数式は，=IF(B3<=C3,"○","×")

練習48 数式のコピーを利用して生徒番号「1A02」から「1A05」についても判定し，ファイル名「計算テスト1」で保存しなさい。

計算テスト2 例題24

次の計算テスト結果を入力し，判定を表示しよう。

（ファイル名「計算テスト2」）

	A	B	C	D
1	計算テスト合否判定			
2	生徒番号	第1回	第2回	判定
3	2B01	91	79	
4	2B02	81	85	
5	2B03	80	78	
6	2B04	68	92	
7	2B05	88	84	

＜処理条件＞
① 判定はIF関数を使用する。
② 第1回と第2回が両方とも80点以上の場合は「合格」と表示し，それ以外は「不合格」と表示する。

2 関数の挿入 153

IF関数内の論理演算子

論理演算子
AND, OR, NOT については P.155 参照。

① 例題24のワークシートを作成する。

② セル(D3)にセルポインターを移動し，[**数式**]-?(**論理**)-[**IF**]をクリックする。

③ [**論理式**]の入力ボックスに「AND(B3>=80,C3>=80)」と半角で入力する。

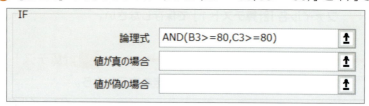

④ [**真の場合**]入力ボックスに「合格」を，[**偽の場合**]の入力ボックスに「不合格」を入力する。（文字を入力した後カーソルを移動すると，自動的に「"」がつく）

⑤ [OK]をクリックすると，セル(D3)に「不合格」と表示される。
※セル(D3)に入力されている数式は，
=IF(AND(B3>=80,C3>=80),"合格","不合格")

練習49 数式のコピーを利用して生徒番号「2B02」から「2B05」についても判定し，ファイル名「計算テスト2」で保存しなさい。

154 6章 Excelの基礎

参考◆論理演算子AND，OR，NOT……IF関数の中では，AND，OR，NOTを使ってさまざまな条件指定をすることができる。

条件1　「1回目が80点以上」　数式では「B3>=80」
条件2　「2回目が80点以上」　数式では「C3>=80」とする。

AND 関数
=AND(式1,式2,…)
（　）内に指定したすべての式を満たすとき，真となる。

AND条件

条件1 かつ 条件2

数式では
AND(B3>=80,C3>=80)

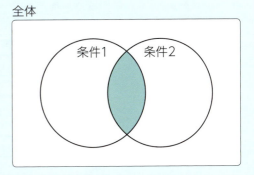

OR 関数
=OR(式1, 式2, …)
（　）内に指定した式の1つでも満たすとき，真となる。

OR条件

条件1 または 条件2

数式では
OR(B3>=80,C3>=80)

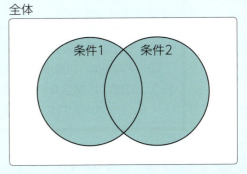

NOT 関数
=NOT(式)
（　）内に指定した式と逆の論理値となる。

NOT条件

条件1 ではない

数式では
NOT(B3>=80)

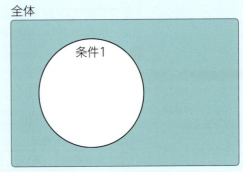

練習50　ファイル名「計算テスト2」を開き，判定に，第1回と第2回のどちらか一方が90点以上の場合は「合格」と表示し，それ以外は「不合格」と表示するように変更しなさい。

　※セル(D3)に入力される数式は，
　　=IF(OR(B3>=90,C3>=90),"合格","不合格")

練習51　ファイル名「計算テスト2」を開き，判定に，第2回が80点以上でない場合は「追試」と表示し，それ以外は何も表示しないように変更しなさい。

　※セル(D3)に入力される数式は，
　　=IF(C3<80,"追試","")

2　関数の挿入　155

計算テスト3 例題25

次の計算テスト結果を入力し，平均点に応じて成績を表示しよう。

（ファイル名「計算テスト3」）

	A	B	C	D	E
1	計算テスト成績				
2	生徒番号	第1回	第2回	平均	成績
3	3C01	98	77	87.5	
4	3C02	26	51	38.5	
5	3C03	43	79	61.0	
6	3C04	84	76	80.0	
7	3C05	70	49	59.5	
8					

＜処理条件＞

① 平均は AVERAGE 関数を用いて，第1回と第2回の平均点を計算する。

② 平均点は，小数点以下の表示桁数が1桁となるよう表示形式で調節する。

③ 成績は IF 関数を使用して，平均点が80点以上の場合はA，60点以上の場合はB，60点未満の場合はCを表示する。

◆◆◆◆◆◆ **IF 関数のネスト**

2つの条件で3つの値を返すには「=IF(条件1,値A,IF(条件2,値B,値C))」のように，IF 関数の中に再度 IF 関数を使用する。これを関数のネストという。

① 例題25のワークシートを作成する。

関数の直接入力
すべての関数は，キーボードから直接入力が可能である。

② セル（E3）にセルポインターを移動し，以下の数式を半角で入力する。

=IF(D3>=80,"A",IF(D3>=60,"B","C"))

	A	B	C	D	E	F	G	H
1	計算テスト成績							
2	生徒番号	第1回	第2回	平均	成績			
3	3C01	98	77	87.5	=IF(D3>=80,"A",IF(D3>=60,"B","C"))			
4	3C02	26	51	38.5				
5	3C03	43	79	61.0				
6	3C04	84	76	80.0				
7	3C05	70	49	59.5				
8								

③ Enter を押すと，セル（E3）に「A」と表示される。

練習52 数式のコピーを利用して生徒番号「3C02」から「3C05」まで成績を表示し，ファイル名「計算テスト3」で保存しなさい。

4 条件による集計(COUNTIF, SUMIF)

コンビニエンスストア販売実績 例題26

あるコンビニエンスストアにおける食料品の月間売上ランキングである。商品の区分ごとに集計しよう。　　（ファイル名「コンビニ商品売上」）

	A	B	C	D	E	F	G
1	8月売上ランキング（食料品）						
2	順位	商品	区分	売上金額		区分別商品数	
3	1	アイスクリーム（棒）	菓子	13,380,000		弁当	
4	2	冷し中華	麺類	11,250,000		麺類	
5	3	かき氷アイス	菓子	10,873,000		菓子	
6	4	幕の内弁当	弁当	9,552,000			
7	5	ビーフカレー	弁当	8,448,000			
8	6	ざるそば	麺類	7,997,600		区分別売上金額	
9	7	シュークリーム	菓子	7,681,200		弁当	
10	8	ナポリタン	麺類	6,912,000		麺類	
11	9	ロールケーキ	菓子	5,824,600		菓子	
12	10	アイスクリーム（カップ）	菓子	4,328,000			
13							

＜処理条件＞
① 区分別商品数は，COUNTIF関数を使って，区分ごとの商品の数を求める。
② 区分別売上金額は，SUMIF関数を使って，区分ごとの売上金額の合計を求める。
③ 売上金額と区分別売上金額は，桁区切りスタイルを設定する。

◆◆◆◆◆◆◆◆ **COUNTIF関数（条件を満たすセルの件数を求める）**

COUNTIF関数
=COUNTIF(範囲,条件)
範囲のうち，条件に一致するセルの個数を求める。

① 例題26のワークシートを作成する。
② セル(G3)にセルポインターを移動し，[数式]-■（その他の関数）-■（統計）-[COUNTIF]をクリックする。

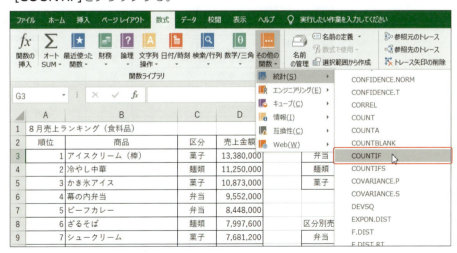

2 関数の挿入　157

入力ボックス
キーボードから直接入力してもよい。

③ [範囲]の入力ボックスに「C3:C12」をドラッグして指定し，F4 を押し，相対参照から絶対参照($C$3:$C$12)に切り替える。

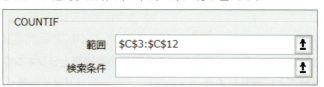

④ [検索条件]の入力ボックスに「F3」をマウスで指定して入力する。

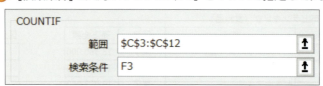

⑤ OK をクリックするとセル(G3)に「2」と表示される。
　※セル(G3)に入力されている数式は，
　　=COUNTIF($C$3:$C$12,F3)

区分別商品数	
弁当	2
麺類	
菓子	

練習53 数式のコピーを利用して他の区分についても集計し，ファイル名「コンビニ商品売上」で保存しなさい。

SUMIF関数（条件を満たすセルの合計を求める）

SUMIF関数
=SUMIF(範囲，条件，合計範囲) 範囲のうち，条件に一致する，合計範囲に指定したセルの合計を求める。

① セル(G9)にセルポインターを移動し，[数式]-θ(数学/三角)-[SUMIF]をクリックする。

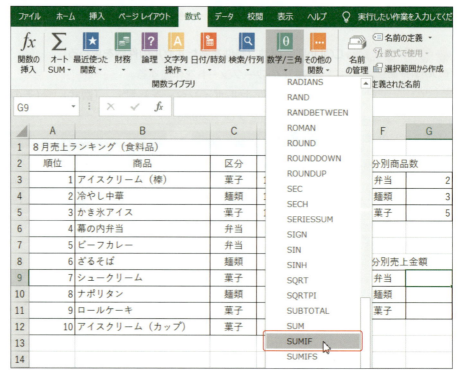

158　6章　Excelの基礎

❷ [範囲]の入力ボックスに「C3:C12」をドラッグして指定し，F4 を押し，相対参照から絶対参照($C$3:$C$12)に切り替える。

❸ [検索条件]の入力ボックスに「F9」をマウスで指定して入力する。

❹ [合計範囲]の入力ボックスに「D3:D12」をドラッグして指定し，F4 を押し，相対参照から絶対参照($D$3:$D$12)に切り替える。

SUMIF		
範囲	$C$3:$C$12	
検索条件	F9	
合計範囲	$D$3:$D$12	

❺ OK をクリックすると，セル(G9)に「18000000」と表示されるので，[ホーム] - , (桁区切りスタイル)をクリックする。
※セル(G9)に入力されている数式は，
　=SUMIF($C$3:$C$12,F9,$D$3:$D$12)

C	D	E	F	G
区分	売上金額		区分別商品数	
菓子	13,380,000		弁当	2
麺類	11,250,000		麺類	3
菓子	10,873,000		菓子	5
弁当	9,552,000			
弁当	8,448,000			
麺類	7,997,600		区分別売上金額	
菓子	7,681,200		弁当	18000000
麺類	6,912,000		麺類	
菓子	5,824,600		菓子	
菓子	4,328,000			

区分別売上金額	
弁当	18,000,000
麺類	
菓子	

練習54 数式のコピーを利用して他の区分についても集計し，ファイル名「コンビニ商品売上」で上書き保存しなさい。

2　関数の挿入　159

5 表の検索（VLOOKUP）

VLOOKUP関数を用いると，すでに作成してある名簿等のデータから，必要なデータだけを取得して，効率的に処理をすることができる。

勤務シフト表　例題27

従業員の名簿から，勤務シフト表を作成しよう。

（ファイル名「勤務シフト」）

＜処理条件＞
① 上段（黄色のセル）は，番号を入力する。
② 中段は役職を，下段は担当者を表示する。表内のすべてのセルを中央揃えにする。
③ 役職と担当者はVLOOKUP関数を使用して，従業員名簿から取得する。

◆◆◆◆◆VLOOKUP関数（表を検索する）

VLOOKUP関数
=VLOOKUP（検索値，範囲，列番号，検索方法）
検索値で範囲を検索し，範囲の左端から数えた列にある値を取得する。

VLOOKUP関数の構造

=VLOOKUP(D11,$G$6:$I$11,3,0)

①検索値　②検索範囲　③取得したい列の番号　④検索の型

　セル（D13）に入れる予定の関数は上記の通りであるが，この意味は，「①セルの値（6）で，②従業員名簿を検索し，③指定した範囲の左端から3列目である担当者を，④番号（6）と完全に一致する行にある」データ「佐藤」を取得できるということである。

160　6章　Excelの基礎

① 例題のワークシートを作成する。

② セル(B4)にセルポインターを移動し，[**数式**]-🔍(**検索/行列**)-[VLOOKUP]をクリックする。

③ [**検索値**]の入力ボックスに「B3」をマウスで指定して入力する。

VLOOKUP 関数の範囲
検索値で検索する列が左端になるように指定する。

④ [**範囲**]の入力ボックスに「G6:I11」をドラッグして指定し，F4 を押し，相対参照から絶対参照($G$6:$I$11)に切り替える。

2 関数の挿入 161

❺ [列番号]の入力ボックスに，検索範囲内で2列目である役職を示す「2」を，[検索方法]の入力ボックスに「0」を，それぞれ半角で入力する。

❻ [OK]をクリックするとセル(B4)に「部長」と表示される。
　※セル(B4)に入力されている数式は，
　=VLOOKUP(B3,$G$6:$I$11,2,0)

❼ セル(B5)に，❷から❻の手順と同様にして，3列目の担当者を取得できるように，以下のように入力する。

❽ [OK]をクリックするとセル(B5)に「渡辺」と表示される。
　※セル(B5)に入力されている数式は，
　　=VLOOKUP(B3,$G$6:$I$11,3,0)

	A	B	C	D	E	F	G	H	I
1	勤務シフト表								
2		＜午前＞		＜午後＞					
3		2		3					
4		部長					従業員名簿		
5		渡辺					番号	役職	担当者
6		↓		↓			1	社長	田中
7		4		1			2	部長	渡辺
8							3	次長	落合
9							4	課長	鈴木
10		↓		↓			5	係長	大島
11		5		6			6	主任	佐藤
12									
13									
14									

練習55　数式のコピーを利用して他のセルについても従業員名簿から役職と担当者を取得し，ファイル名「勤務シフト」で保存しなさい。

参考◆VLOOKUP関数における検索方法……以下の2通りの指定ができる。

① 「0」または「FALSE」

　一致する値がないときは，エラー値「#N/A」を表示する。例題の処理のように検索値と完全に一致する値だけを検索したいときは，この指定が適する。

　なお，検索する範囲の左端の列にあるデータは並べ替える必要はない（検索値と一致する値が範囲の左端に複数ある場合は，最初に検索された値が使用される）。

② 「1」または「TRUE」

検索方法の省略
「何も指定しない」とこの②の型になる。

　一致する値がないときは，検索値未満で最も大きい値でデータを取得する。下の例のように，検索値が対応する値の範囲に幅があるときは，この指定が適する。

　なお，検索する範囲の左端の列にあるデータは，昇順に並べ替えておく必要がある。

	A	B	C	D	E	F	G	H
1	計算テスト成績（VLOOKUP関数を使用）						成績基準表	
2	生徒番号	第1回	第2回	平均	成績		下限	成績
3	3C01	98	77	87.5	5		0	1
4	3C02	26	51	38.5	2		30	2
5	3C03	43	79	61.0	4		40	3
6	3C04	84	76	80.0	5		60	4
7	3C05	70	49	59.5	3		80	5

※セル（E3）に入力されている数式は，
　=VLOOKUP（D3,$G$3:$H$7,2,1）

練習56 ファイル名「計算テスト3」を開き，成績基準表を上の通りとし，VLOOKUP関数を用いて表示するよう変更し，ファイル名「計算テスト4」で保存しなさい。

HLOOKUP 関数
=HLOOKUP（検索値，範囲，行番号，検索方法）
検索値で範囲を検索し，範囲の上端から数えた行にある値を取得する。

参考◆VLOOKUP関数とHLOOKUP関数の違い……VLOOKUP関数は検索値で指定した値を表の縦方向に検索するのに対して，HLOOKUP関数は横方向に検索する。

　成績基準表が以下のようになっていれば，表内の検索は横方向になるため，HLOOKUP関数を用いる必要がある。

	A	B	C	D	E	F	G	H	I	J	K	L
1	計算テスト成績（HLOOKUP関数を使用）						成績基準表					
2	生徒番号	第1回	第2回	平均	成績		下限	0	30	40	60	80
3	3C01	98	77	87.5	5		成績	1	2	3	4	5
4	3C02	26	51	38.5	2							
5	3C03	43	79	61.0	4							
6	3C04	84	76	80.0	5							
7	3C05	70	49	59.5	3							

※セル（E3）に入力されている数式は，
　=HLOOKUP（D3,$H$2:$L$3,2,1）

練習57 ファイル名「計算テスト3」を開き，成績基準表を上の通りとし，HLOOKUP関数を用いて表示するよう変更し，ファイル名「計算テスト5」で保存しなさい。

2　関数の挿入　163

実習 27　次のような表とグラフを作成し，ファイル名「将来人口」で保存しなさい。

	A	B	C	D	E
1	将来推計人口				
2	年度	総人口（千人）	14歳以下	15～64歳	65歳以上
3	2010年	128,057	13.2%	63.8%	23.0%
4	2020年	124,100	11.7%	59.2%	29.1%
5	2030年	116,618	10.3%	58.1%	31.6%
6	2040年	107,276	10.0%	53.9%	36.1%
7	2050年	97,076	9.7%	51.5%	38.8%

「日本の将来推計人口」国立社会保障・人口問題研究所

●処理条件………
① 列幅や文字の大きさは適宜変更する。
② 年齢別人口は，パーセントスタイルで小数第1位まで表示する。
③ 下のようなグラフを作成する。グラフの体裁は自由に変更してよい。

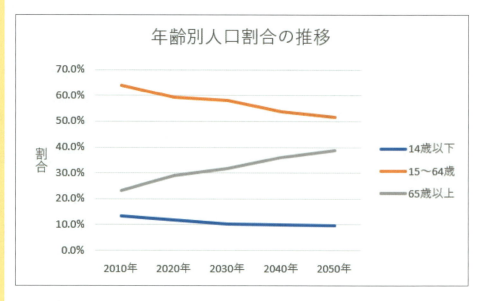

ヒント
・離れたセルの指定（A列，C列，D列，E列）は，[Ctrl]を押しながら，マウスで範囲を指定する。
・縦軸ラベルの追加は，グラフを選択して，[グラフツール]-[グラフのデザイン]-[グラフ要素を追加]-[軸ラベル]-[第1縦軸]を選択する。
・縦軸ラベルを右クリックし，軸ラベルの書式設定から[文字のオプション]-[テキストボックス]-[文字列の方向]-[縦書き]を選択する。
・凡例を右クリックし，凡例の書式設定から[凡例の位置]-[右]を選択する。

164　6章　Excelの基礎

実習 28

次のような表とグラフを作成し，ファイル名「納涼まつり」で保存しなさい。

	A	B	C	D	E	F	G
1	納涼まつり売上						
2	品物	販売価格	販売数	売上総額	仕入れ額	利益	備考
3	ウーロン茶	¥100	108	¥10,800	¥5,000	※1	※2
4	オレンジジュース	¥100	280	¥28,000	¥9,000	※1	※2
5	缶ビール	¥400	251	¥100,400	¥80,000	※1	※2
6	やきそば	¥300	411	¥123,300	¥45,000	※1	※2
7	たこ焼き	¥400	279	¥111,600	¥4,800	※1	※2
8	フランクフルト	¥150	184	¥27,600	¥6,000	※1	※2
9	フライドポテト	¥200	316	¥63,200	¥9,800	※1	※2
10	かき氷	¥200	357	¥71,400	¥19,800	※1	※2
11	わたあめ	¥250	140	¥35,000	¥4,000	※1	※2
12							

●処理条件………

① 列幅や文字の大きさは適宜変更する。
② 販売価格，売上総額，仕入れ額，利益は通貨表示形式で表示する。
③ 「売上総額」は，（販売価格）×（販売数）で求める。
④ ※1の利益は，（売上総額）-（仕入れ額）で求める。
⑤ ※2の備考は，IF関数を用いて利益が3万円を超えた場合に"＠＠＠＠"を表示し，それ以外は何も表示しない。
⑥ 以下のようなグラフを作成する。

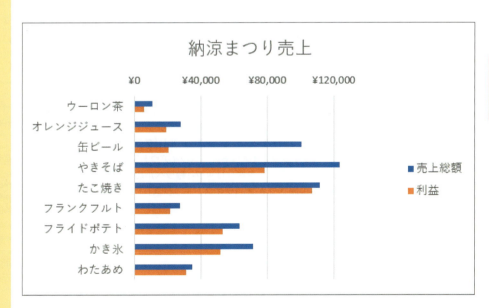

ヒント ・離れたセルの指定（A列，D列，F列）は，Ctrl を押しながら，マウスで範囲を指定する。
・縦軸の反転は，[軸の書式設定]-[軸のオプション]-[軸を反転]を選択する。
・グラフの右側に凡例を表示する。

実習 29 次のような表とグラフを作成し，ファイル名「地価変動」で保存しなさい。

	A	B	C	D	E	F	G	H	I	J	K
1	東京圏の地価変動率							(調査年度は西暦，変動率は%)			
2	区分	2009	2010	2011	2012	2013	2014	2015	2016	2017	2018
3	住宅地	1.6	-6.5	-3.0	-1.9	-1.0	0.6	0.5	0.5	0.6	1.0
4	商業地	4.0	-8.9	-4.1	-2.3	-0.9	1.9	2.3	2.7	3.3	4.0
5											

「都道府県地価調査」国土交通省

●処理条件………
① 列幅と行の高さや文字の大きさは適宜変更する。
② マイナスの値は，数字の前に（−）をつけて，赤字を表示する。
③ 以下のようなグラフを作成する。

ヒント
・セル(A2:K4)を範囲指定し，集合縦棒グラフを作成する(おすすめグラフからも集合縦棒グラフを選択できる)。
・グラフを選択し，[グラフツール]-[グラフのデザイン]-[クイックレイアウト]から[レイアウト5]を選択する。
・縦軸ラベルを右クリック-[軸ラベルの書式設定]-[文字のオプション]-[テキストボックス]-[文字列の方向]-[縦書き]を選択する。

166　6章　Excelの基礎

実習 30

次のような表とグラフを作成し，ファイル名「英語成績」で保存しなさい。

	A	B	C	D	E	F	G
1	英語個人成績						
2	受験番号	読む	聴く	書く	話す		
3	※1	※2	※2	※2	※2		
4							
5	英語成績一覧表						
6	受験番号	読む	聴く	書く	話す	合計	平均
7	101	18	15	17	11	※3	※4
8	102	13	20	19	12	※3	※4
9	103	22	23	21	17	※3	※4
10	104	15	18	10	16	※3	※4
11	105	12	13	11	9	※3	※4

●処理条件………

① 列幅や文字の大きさは適宜変更する。
② ※1の受験番号は，成績一覧表から成績を取得したい受験番号を入力する。
③ ※2はVLOOKUP関数を用いて，セル(A3)に入力した受験番号から「読む，聴く，書く，話す」の成績が，それぞれ表示されるようにする。
④ ※3の合計と※4の平均は，関数などを利用して計算する。
⑤ 平均は小数第1位まで表示する。
⑥ 個人成績について，以下のようなグラフを作成する。

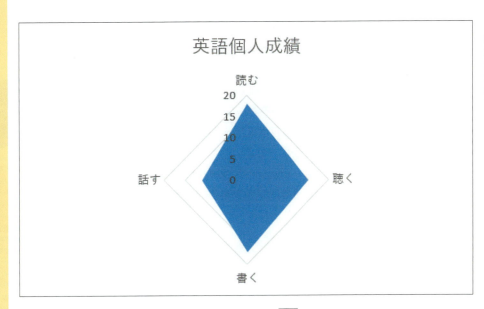

ヒント セル(B2:E3)を範囲指定し，[挿入]-[グラフ]- (レーダーチャートの挿入)-[塗りつぶしレーダー]を選択する。

実習 31 次のような表とグラフを作成し，ファイル名「水稲の収穫量」で保存しなさい。

	A	B	C	D	E	F
1	関東地方の水稲の収穫量					
2	県名	収穫量(t)	面積(ha)	1ha当たり	順位	判定
3	茨城	358,400	68,400	※1	※2	※3
4	栃木	321,800	58,500	※1	※2	※3
5	群馬	78,900	15,600	※1	※2	※3
6	埼玉	155,400	31,900	※1	※2	※3
7	千葉	301,400	55,600	※1	※2	※3
8	東京	555	133	※1	※2	※3
9	神奈川	15,200	3,080	※1	※2	※3
10	全国	7,780,000	1,470,000	※1		
11						
12	判定表					
13	1ha当たり	0	4.3	4.7	4.9	5.1
14	判定	D	C	B	A	S

「2018水稲の収穫量・作付面積」農林水産省

●処理条件………

① 列幅や文字の大きさは適宜変更する。
② ※1の1ha当たりは，1ha当たりの収穫量(t)のことで，ROUND関数を使用して「収穫量÷面積」となるように求める。ただし，小数第3位を四捨五入して，小数第2位まで求める。また，小数第2位まで表示するようにする。
③ ※2の順位は，RANK.EQ関数を使用して，1ha当たりの収穫量から，降順で順位をつける。
④ ※3の判定は，HLOOKUP関数を使用して，判定表であるセル(A13:F14)を参照し，1ha当たりの収穫量から，D～Sの判定を取得して表示させる。
⑤ 数値は，桁区切りスタイルにする。
⑥ 右のような円グラフを作成する。

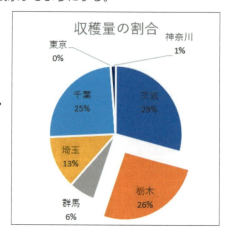

ヒント ・グラフエリアを選択し，[グラフツール]-[グラフのデザイン]-[クイックレイアウト]-[レイアウト1]を選択する。
・円グラフの切り離しは，P.128参照。

実習 3-2 次のような表とグラフを作成し，ファイル名「会社業績」で保存しなさい。

	A	B	C	D	E	F	G
1	業績推移					単位：億円	
2	年度	売上高	材料費	経費	製造原価	純利益	純利益率
3	2014年	132.1	85.6	34.2	※1	※2	※3
4	2015年	124.2	90.1	27.4	※1	※2	※3
5	2016年	129.3	88.8	25.8	※1	※2	※3
6	2017年	119.1	83.2	28.8	※1	※2	※3
7	2018年	106.3	67.8	28.2	※1	※2	※3
8							

●処理条件………

① 列幅や文字の大きさは適宜変更する。
② ※1の製造原価は，「材料費＋経費」で計算する。
③ ※2の純利益は，「売上高－製造原価」で計算する。
④ ※3の純利益率は，「純利益÷売上高」で計算する。ただし，小数第1位までのパーセンテージを表示する。
⑤ 以下のようなグラフを作成する。

ヒント ・離れたセルの指定（A列，B列，G列）は，[Ctrl]を押しながら，マウスで範囲を指定する。
・セル（A2:B7）と，セル（G2:G7）を範囲指定し，[挿入]-(複合グラフの挿入)-[集合縦棒]-[第2軸の折れ線]を選択する。
・グラフエリアを選択し，[グラフツール]-[グラフのデザイン]-[クイックレイアウト]-[レイアウト5]を選択する。

7章 Excelの活用

1 データベース機能

データベースは，あるテーマに沿ったデータを集めて管理し，簡単に検索や抽出ができるようにしたものである。Excelで作成した表も1つのデータベースといえる。データベースを活用するためのExcelの機能について説明する。

1 並べ替え

作成した表を，条件を指定して並べ替える。Excelでの並べ替えには，簡易型と通常型の2つの方法がある。

サッカークラブ名簿 例題 28

次のようなサッカークラブ名簿を作成し，並べ替えやフィルターによる抽出を行ってみよう。　　　　　　　（ファイル名「サッカークラブ名簿」）

	A	B	C	D	E
1	背番号	氏名	学年	身長	ポジション
2	1	宮本正雄	3	188	GK
3	2	鈴木勝也	2	178	DF
4	3	大島正幸	3	181	DF
5	4	上野正樹	3	182	DF
6	5	川澄悦男	2	173	DF
7	6	山中孝弘	2	174	MF
8	7	飯野民彦	3	184	MF
9	8	稲葉茂	2	170	MF
10	9	遠藤秀樹	3	176	FW
11	10	赤萩正和	3	165	MF
12	11	奥智弘	2	178	FW
13	12	渡辺実	3	178	MF
14	13	大塚純一	3	183	FW
15	14	石川浩二	1	172	FW
16	15	関口健一	1	168	MF
17	16	吉田正美	1	169	DF
18					

〈処理条件〉

①セルのサイズは、文字数に合わせて調整する。

170　7章　Excelの活用

◆◆◆◆◆◆ 並べ替え（簡易型）

並べ替えのキー（基準）となる列を1つ指定して，昇順または降順の並べ替えを簡単に行う機能である。

以下では，名簿を身長の降順に並べ替える。

昇順と降順
昇順は値の小さい順，降順は値の大きい順。

① 例題28のワークシートを作成し，ファイル名「サッカークラブ名簿」で保存する。
② 並べ替えのキーとなる「身長」の列のセル（D1からD17）のいずれか1つを選択し，[データ]-[Z↓A]（降順）をクリックする。

③ 身長の降順に並べ替わる。

元に戻す
↶（元に戻す）
または
Ctrl + Z

④ 並べ替えを行った直後であれば，「元に戻す」機能で元の順番に戻すことができる。

練習58　例題の表を，学年の小さい順（昇順）に並べ替えなさい。

練習59　例題の表を，背番号の小さい順（昇順）に並べ替えなさい。

1　データベース機能　171

◆◆◆◆◆◆ 並べ替え（通常型）

簡易型では指定できる条件は1つだけであったが，通常型では並べ替えるデータの範囲と複数の条件を指定できる。

以下では，ポジションごとに身長の降順に並べ替える。

① ファイル名「サッカークラブ名簿」を開く。
② 並べ替える範囲(A2:E17)をドラッグして選択する。

範囲の指定方法
もっと大きな表になると，画面よりさらに右側にもデータが存在する場合があるので，行番号の箇所で行2から17までをドラッグするとよい。

	A	B	C	D	E
1	背番号	氏名	学年	身長	ポジション
2	1	宮本正雄	3	188	GK
3	2	鈴木勝也	2	178	DF
4	3	大島正幸	3	181	DF
5	4	上野正樹	3	182	DF
6	5	川澄悦男	2	173	DF
7	6	山中孝弘	2	174	MF
8	7	飯野民彦	3	184	MF
9	8	稲葉茂	2	170	MF
10	9	遠藤秀樹	3	176	FW
11	10	赤萩正和	3	165	MF
12	11	奥智弘	2	178	FW
13	12	渡辺実	3	178	MF
14	13	大塚純一	3	183	FW
15	14	石川浩二	1	172	FW
16	15	関口健一	1	168	MF
17	16	吉田正美	1	169	DF
18					

並べ替え

③ ［データ］-　(並べ替え)クリックする。

④ ［並べ替え］ダイアログボックスが表示されるので，[**最優先されるキー**]に「ポジション」を選択する。

先頭行の扱い
先頭行もデータとして扱う場合は，［先頭行をデータの見出しとして使用する(H)］のチェックを外す。

⑤ (レベルの追加(A))をクリックすると，[次に優先されるキー]の項目が追加される。

順序の表示
Excel2019から，キーが数値の場合，昇順が「小さい順」，降順が「大きい順」と表示が変わるようになった。

⑥ [次に優先されるキー]に「身長」，[順序]に「大きい順」(降順)を選択する。これで条件の指定は終わりなので，OKをクリックする。

⑦ ポジションごとに身長の大きい順(降順)に並べ替わる。

	A	B	C	D	E
1	背番号	氏名	学年	身長	ポジション
2	4	上野正樹	3	182	DF
3	3	大島正幸	3	181	DF
4	2	鈴木勝也	2	178	DF
5	5	川澄悦男	2	173	DF
6	16	吉田正美	1	169	DF
7	13	大塚純一	3	183	FW
8	11	奥智弘	2	178	FW
9	9	遠藤秀樹	3	176	FW
10	14	石川浩二	1	172	FW
11	1	宮本正雄	3	188	GK
12	7	飯野民彦	3	184	MF
13	12	渡辺実	3	178	MF
14	6	山中孝弘	2	174	MF
15	8	稲葉茂	2	170	MF
16	15	関口健一	1	168	MF
17	10	赤萩正和	3	165	MF

練習60 例題の表を，最優先されるキーを「学年」の大きい順(降順)，次に優先されるキーを「身長」の大きい順(降順)で並べ替えなさい。

1 データベース機能 173

2 フィルター

表の中の多くのデータから必要なものを抽出する機能は、データベースでは欠かせない。Excelではフィルター機能を用いる。

◆◆◆◆◆ フィルター（値の指定）

以下では、1年生のデータのみ抽出する。

① ファイル名「サッカークラブ名簿」を開く。

② 表内のセルのいずれか1つを選択し、[**データ**]-▼(**フィルター**)をクリックする。

③ フィルターが使えるようになるので、「学年」の ▼ をクリックする。

④ リスト内の「すべて選択」をクリックしてチェックボックスのチェックを外し、「1」をクリックしてチェックボックスにチェックを入れて、OKをクリックする。

⑤ 学年が「1」のデータのみ表示され、他のデータは隠れた状態になる。

> **フィルター**
> フィルターを指定した列は ▼ になる。

⑥ フィルターの条件をクリアするには、学年の - (**"学年"からフィルターをクリア(C)**)をクリックする。

⑦ フィルターそのものを解除するには、②を再度行う。

練習61 ポジションが「DF」である行が表示されるようにしなさい。

練習62 ポジションが「MF」で、学年が「3」である行が表示されるようにしなさい。

◆◆◆◆◆◆フィルター（値の範囲指定）

抽出条件に，値の範囲を指定することもできる。以下では，身長が175以上かつ180以下のデータを抽出する。

① ファイル名「サッカークラブ名簿」を開く。
② 表内のセルのいずれか1つを選択し，**[データ]**-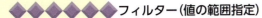**(フィルター)**をクリックする。
③ フィルターが使えるようになるので，「身長」の▼-**[数値フィルター(F)]**-**[指定の範囲内(W)]**をクリックする。

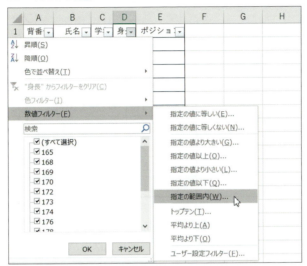

④ **[オートフィルターオプション]**ダイアログボックスが表示されるので，「175以上」，「AND」，「180以下」と指定する。数値は半角で入力する。

⑤ **OK**をクリックすると，該当するデータのみが表示され，他のデータは隠れた状態になる。

練習63 身長が「平均より上」の行が表示されるようにしなさい。

1 データベース機能 175

3 条件付き書式

Excelでは，セルの値によって色やアイコンなどを変化させ，視覚的にデータの大小関係を表現することができる。

支店別売上一覧　例題29

次のような表を作成し，条件付き書式を設定してみよう。

（ファイル名「売上一覧」）

	A	B	C	D
1	支店名	1月	2月	前月比
2	北	¥2,301,987	¥2,261,309	98%
3	南	¥2,245,312	¥2,285,107	102%
4	中央	¥3,107,224	¥2,978,110	96%
5	駅前	¥2,401,576	¥1,997,602	83%
6	東	¥2,511,668	¥3,081,674	123%
7	西	¥2,484,127	¥2,844,770	115%

＜処理条件＞
① 前月比は，「2月÷1月」で計算する。
② セルの書式設定は，売上高は「通貨」，前月比は「パーセンテージ」とする。
③ 作成した表を，ファイル名「売上一覧」で保存する。

◆◆◆◆◆◆カラースケール

指定した範囲全体の最大値と最小値に対しての割合を示すグラデーション（濃淡）で，それぞれのセルを塗りつぶすことができる。

条件付き書式

① 売上高(B2:C7)を範囲指定し，[ホーム]-（条件付き書式）-[カラースケール(S)]-（緑，黄，赤のカラースケール）をクリックすると，表の値に応じてカラースケールが表示される。

書式のプレビュー
マウスカーソルを合わせて選択した書式は，表に適用した状態で表示され，あらかじめ確認することができる。

② ファイル名「売上一覧1」で保存する。

練習64 売上高をいろいろな値に変更し，グラデーションの変化を調べなさい。

練習65 他のカラースケールを適用し，表示の変化を調べなさい。

◆◆◆◆◆データバー

指定した範囲全体の最大値と最小値に対しての割合を示す棒グラフを，それぞれのセル内に追加することができる。

① ファイル名「売上一覧」を開く。

② 売上高(B2:C7)を範囲指定し，[ホーム]-  (条件付き書式)- [データバー(D)]-[塗りつぶし(グラデーション)]- (青のデータバー)をクリックすると，表の値に応じてデータバーが表示される。

書式のプレビュー
マウスカーソルを合わせて選択した書式は，表に適用した状態で表示され，あらかじめ確認することができる。

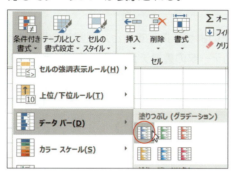

③ ファイル名「売上一覧2」で保存する。

練習66 売上高をいろいろな値に変更し，データバーの変化を調べなさい。

練習67 他のデータバーを適用し，表示の変化を調べなさい。

◆◆◆◆◆アイコンセット

指定した範囲全体の最大値と最小値に対しての割合を示すアイコンを，それぞれのセル内に追加することができる。

① ファイル名「売上一覧」を開く。

② 前月比(D2:D7)を範囲指定し，[ホーム]- (条件付き書式)- [アイコンセット(I)]-[方向]- (5つの矢印〈色分け〉)をクリックすると，表の値に応じてアイコンセットが表示される。

書式のプレビュー
マウスカーソルを合わせて選択した書式は，表に適用した状態で表示され，あらかじめ確認することができる。

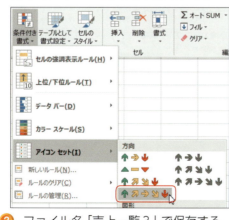

③ ファイル名「売上一覧3」で保存する。

練習68 他のアイコンセットを適用し，表示の変化を調べなさい。

1 データベース機能　177

参考◆その他の条件付き書式……その他の便利な書式について説明する。

① (条件付き書式)-［セルの強調表示ルール(H)］-(重複する値(D))

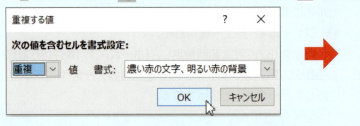

右のセルに対して，上のように指定すると，範囲で重複したデータのみ強調される。入力データの重複チェックなどに適する。

② (条件付き書式)-［上位/下位ルール(T)］-(上位10項目(T))

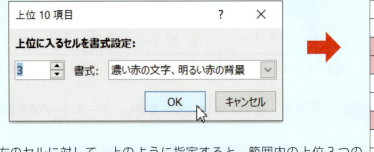

右のセルに対して，上のように指定すると，範囲内の上位3つのデータが強調される。RANK関数を用いた順位を計算しなくても，容易に上位のデータを把握できる。売上や成績管理，各種統計など用途は多彩である。

◆◆◆◆◆◆ 条件付き書式のクリア（範囲指定）

指定した範囲の条件付き書式をクリアする機能である。

① ファイル名「売上一覧1」を開く。

② クリアしたい範囲(B2:B7)を範囲指定し，［ホーム］-(条件付き書式)-[ルールのクリア(C)]-[選択したセルからルールをクリア(S)]をクリックすると，選択した範囲の条件付き書式がクリアされる。

◆◆◆◆◆◆条件付き書式のクリア（全体）
シート上にあるすべての条件付き書式をクリアする機能である。
① ファイル名「売上一覧1」を開く。
② ［ホーム］-　（条件付き書式）-　［ルールのクリア(C)］-[シート全体からルールをクリア(E)]をクリックすると，シート全体から条件付き書式がクリアされる。

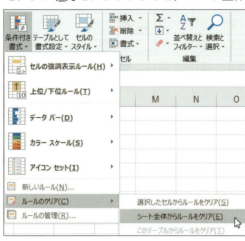

参考◆ルールの管理
［ホーム］-　（条件付き書式）-　（ルールの管理(R)）をクリックし，［書式ルールの表示(S)］で「このワークシート」を選択すると，ワークシートのどこに条件付き書式が設定されているかを確認することができる。

参考◆スパークライン……セルの中に簡単なグラフを表示する機能である。
①次の表を作成する。スパークラインを表示する範囲(E2:E6)を選択し，［挿入］-［スパークライン］-　［縦棒］をクリックする。そして，［データ範囲(D)］で，範囲(B2:D6)をドラッグして選択する。

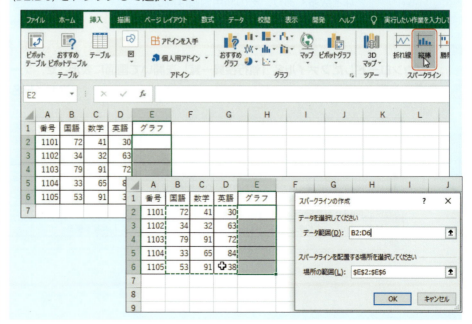

1　データベース機能　179

② OK をクリックすると，スパークラインが表示される。

	A	B	C	D	E
1	番号	国語	数学	英語	グラフ
2	1101	72	41	30	
3	1102	34	32	63	
4	1103	79	91	72	
5	1104	33	65	84	
6	1105	53	91	38	

参考◆スパークラインの削除……スパークラインを削除するには次のようにする。
① 削除したいスパークラインのセルをクリックする。
② [**スパークライン**]-（**クリア**）のをクリックし，[**選択したスパークライン グループのクリア（L）**]をクリックすると削除される。

4 テーブル

　さまざまなデータが集まってできた表を関数などから参照する場合，データの範囲として扱うことが多い。Excelでは，このデータの範囲をひとまとめにしてテーブルとして管理することができる。データの範囲をテーブルに変換することの利点は，
・見出し行が付き，並べ替えやフィルターの操作が容易にできる
・縦方向のスクロール時に，列番号の部分に見出し名が表示される
・テーブルに付けた名前で，関数などから参照できる
・表のスタイルを一括して変更できる
・行や列を追加しても，数式や書式が自動的に反映される
など数多くあり，その利用価値は高い。

執行役員一覧 例題30

　ダウンロードしたファイル名「執行役員一覧」を開いて画面に表示させ，テーブルを作成しよう。
（ファイル名「執行役員一覧」）

	A	B	C	D	E
1	役員コード	氏　　名	役　　　職	担　　　当	
2	MSC0001	青木　恭介	代表取締役社長執行役員	ＣＥＯ（最高経営責任者）	
3	MSC0002	名高　理介	代表取締役副社長執行役員	ＣＯＯ（最高執行責任者）	
4	MSC0003	広道　剛太郎	代表取締役副社長執行役員	ＣＡＯ（最高総務責任者）	
49	MSC0048	桜井　谷句	執行役員	防衛　宇由事業本部長	
50	MSC0049	武田　公温	執行役員	特殊機械事業本部長	
51	MSC0050	大和矢　秀成	執行役員	ＩＣＴ事業本部長	
52					

テーブル作成

テーブル

① 表内のセルのいずれか1つを選択し，[**挿入**]-(**テーブル**)をクリックする。

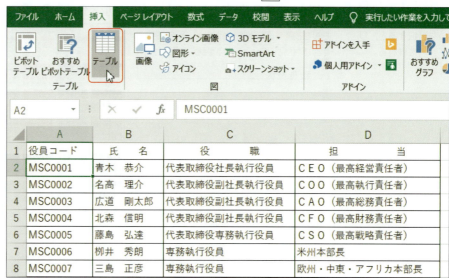

② テーブルに変換するデータ範囲が「=$A$1:$D$51」になっていること，[**先頭行をテーブルの見出しとして使用する(M)**]のチェックボックスにチェックが入っていることを確認する。

③ [OK]をクリックすると，テーブルが作成される。

練習69 テーブル内のセルのいずれか1つを選択してから縦方向にスクロールし，列番号が列見出しに変化して表示されることを確認しなさい。

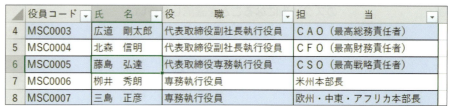

1 データベース機能　181

◆◆◆◆◆◆▶ テーブルスタイルの変更

テーブルデザインタブ
作成したテーブル内のセルのいずれか1つを選択すると，リボン内に現れる。

① テーブル内のセルのいずれか1つを選択し，[テーブルデザイン]-[テーブルスタイル]-(その他)をクリックし，テーブルスタイルの一覧を表示する。

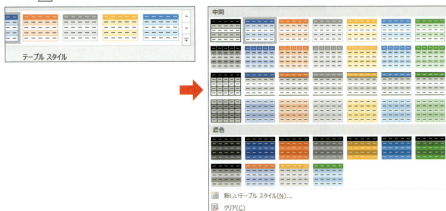

② 使用したいスタイル（ここでは中間3）をクリックすると，スタイルが変更される。

	A	B	C	D
1	役員コード	氏　名	役　　職	担　　当
2	MSC0001	青木　恭介	代表取締役社長執行役員	CEO（最高経営責任者）
3	MSC0002	名高　理介	代表取締役副社長執行役員	COO（最高執行責任者）
4	MSC0003	広道　剛太郎	代表取締役副社長執行役員	CAO（最高総務責任者）
5	MSC0004	北森　信明	代表取締役副社長執行役員	CFO（最高財務責任者）
6	MSC0005	藤島　弘達	代表取締役専務執行役員	CSO（最高戦略責任者）
7	MSC0006	栁井　秀朗	専務執行役員	米州本部長
8	MSC0007	三島　正彦	専務執行役員	欧州・中東・アフリカ本部長

練習70 淡色，濃色からそれぞれ1つずつ選択し，スタイルを変更しなさい。

練習71 セル(A52)に「MSC0051」と入力し，Enterを押すと，52行目の書式もテーブルのスタイルになることを確認しなさい。

練習72 セル(E1)に「備考01」と入力し，Enterを押すと，E列の書式もテーブルのスタイルになることを確認しなさい。

◆◆◆◆◆◆◆ テーブルスタイルのクリア

① テーブル内のセルのいずれか1つを選択し，[**テーブルデザイン**]-[**テーブルスタイル**]-▼(**その他**)-🧽(**クリア(C)**)をクリックする。

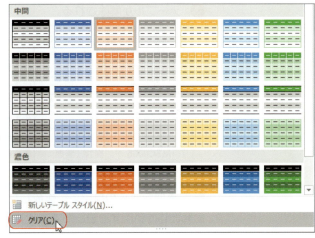

② テーブルスタイルがクリアされる。

	A	B	C	D
1	役員コード	氏　　名	役　　　職	担　　　当
2	MSC0001	青木　恭介	代表取締役社長執行役員	ＣＥＯ（最高経営責任者）
3	MSC0002	名高　理介	代表取締役副社長執行役員	ＣＯＯ（最高執行責任者）
4	MSC0003	広道　剛太郎	代表取締役副社長執行役員	ＣＡＯ（最高総務責任者）
5	MSC0004	北森　信明	代表取締役副社長執行役員	ＣＦＯ（最高財務責任者）
6	MSC0005	藤島　弘達	代表取締役専務執行役員	ＣＳＯ（最高戦略責任者）
7	MSC0006	枊井　秀朗	専務執行役員	米州本部長

◆◆◆◆◆◆◆ テーブルの解除

設定したテーブルを解除し，通常のセルの範囲に戻す機能である。

① 解除したいテーブル内のセルのいずれか1つを選択し，[**テーブルデザイン**]-🔲(**範囲に変換**)をクリックする。

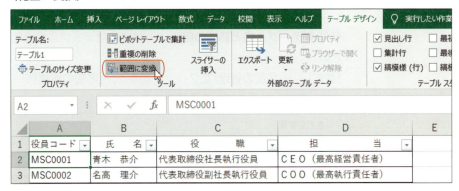

② 確認メッセージが表示されるので，[**はい(Y)**]をクリックする。

1　データベース機能　183

❸ テーブルが解除される。

	A	B	C	D
1	役員コード	氏　名	役　　職	担　　当
2	MSC0001	青木　恭介	代表取締役社長執行役員	ＣＥＯ（最高経営責任者）
3	MSC0002	名高　理介	代表取締役副社長執行役員	ＣＯＯ（最高執行責任者）
4	MSC0003	広道　剛太郎	代表取締役副社長執行役員	ＣＡＯ（最高総務責任者）
5	MSC0004	北森　信明	代表取締役副社長執行役員	ＣＦＯ（最高財務責任者）
6	MSC0005	藤島　弘達	代表取締役専務執行役員	ＣＳＯ（最高戦略責任者）
7	MSC0006	栁井　秀朗	専務執行役員	米州本部長

参考◆関数からの参照……作成したテーブルにテーブル名を付け，関数が参照する範囲として利用することができる。

❶ ダウンロードしたファイル名「執行役員一覧A」を開いて，画面に表示させる。
❷ テーブル内のセルのいずれか1つを選択し，[**テーブルデザイン**]-[**プロパティ**]-[**テーブル名**]に「執行役員」と入力されているのを確認する。

❸ VLOOKUP関数を利用するとき，[範囲]の部分に「$A$2:$D$51」ではなく，テーブル名「執行役員」を指定することができる。

参考◆テーブル名と範囲の確認……作成したテーブル名と範囲を確認することができる。

[**数式**]-（名前の管理）をクリックすると，[**名前の管理**]ダイアログボックスが表示され，作成したテーブルを確認できる。

184　7章　Excelの活用

2 データの集計

ワークシートに作成した表のデータを集計する機能について説明する。

1 ピボットテーブルの作成

あらかじめ作成しておいた表から，項目別にデータを集計する機能である。集計するための関数を入力する必要がないことや，集計対象となるデータや項目を簡単な操作で指定するだけで集計表を作成できることが，ピボットテーブルの利点である。

献血者の集計 例題31

次のような献血者一覧表を作成し，ピボットテーブルを用いて項目ごとに集計しよう。
（ファイル名「献血」）

	A	B	C	D	E	F
1	番号	性別	年齢	血液型	採取日	採取量
2	1	女	27	A	3月11日	400
3	2	女	21	A	3月11日	200
4	3	男	18	AB	3月11日	200
5	4	男	60	A	3月12日	400
6	5	女	58	B	3月12日	200
7	6	男	48	A	3月13日	200
8	7	男	43	O	3月13日	400
9	8	男	55	A	3月14日	400
10	9	女	54	A	3月14日	200
11	10	男	38	B	3月15日	200
12	11	女	22	O	3月15日	200
13	12	女	23	AB	3月15日	200
14	13	女	24	O	3月15日	200
15	14	男	41	O	3月16日	400
16	15	男	48	B	3月16日	400

◆◆◆◆◆◆◆ ピボットテーブルの作成

ピボットテーブル

① 例題のワークシートを作成し，ファイル名「献血」で保存する。

② 表内のセルのいずれか1つを選択し，[**挿入**]-（ピボットテーブル）をクリックする。

2 データの集計 185

❸ [ピボットテーブルの作成]ダイアログボックスが表示されるので，右のように設定されていることを確認し，OKをクリックする。

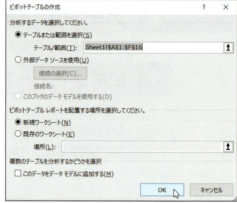

❹ 新しいワークシート「Sheet2」が追加され，ピボットテーブルと[ピボットテーブルのフィールド]が表示される。

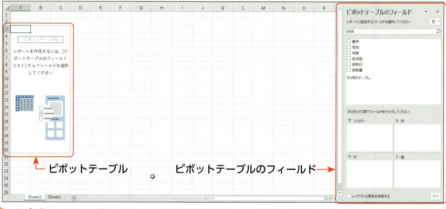

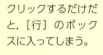

クリックするだけだと，[行]のボックスに入ってしまう。

❺ [ピボットテーブルのフィールドリスト]内にある[列]ボックスに「採取日」をドラッグアンドドロップする。同様にして[値]ボックスにも「採取日」をドラッグアンドドロップする。

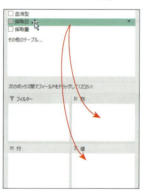  

❻ [ピボットテーブルのフィールド]を閉じる。

❼ 採取日ごとの人数が集計されるので，ファイル名「献血1」で保存する。

	A	B	C	D	E	F	G	H
1								
2								
3		列ラベル						
4			3月11日	3月12日	3月13日	3月14日	3月15日	3月16日 総計
5	個数 / 採取日	3	2	2	2	4	2	15
6								

2 クロス集計

クロス集計とは，複数の集計項目の相互関係を明らかにするための集計方法で，さまざまな調査の集計においてもっとも一般的に用いられている。

◆◆◆◆◆ **集計項目の追加（クロス集計）**

行ラベルの集計項目に血液型を追加し，採取日と血液型ごとの人数を集計しよう。

① ファイル名「献血1」を開き，ピボットテーブル内のセルのいずれか1つ選択し，[**ピボットテーブルのフィールド**]内にある「行」ボックスに「血液型」をドラッグアンドドロップする。

② 採取日と血液型ごとの人数が集計されるので，ファイル名「献血2」で保存する。

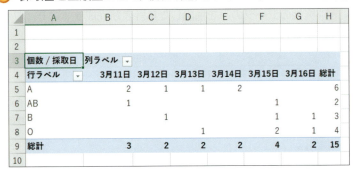

3 フィルターの利用

ピボットテーブル全体から，指定した項目に該当するデータのみを抽出した集計表を作成することができる機能である。

◆◆◆◆◆ **フィルターの追加**

フィルターの項目に性別を追加し，性別ごとの集計表を作成しよう。

① ファイル名「献血2」を開き，[**ピボットテーブルのフィールド**]内にある[**フィルター**]ボックスに「性別」をドラッグアンドドロップする。

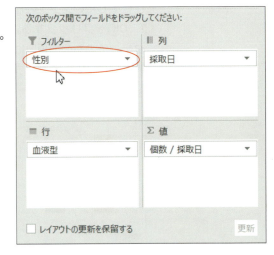

2 データの集計　187

② ピボットテーブルの上側に「性別」が追加されるので，（すべて）の右の ▼ をクリックする。リストの中から「男」を選択し，[OK]をクリックする。

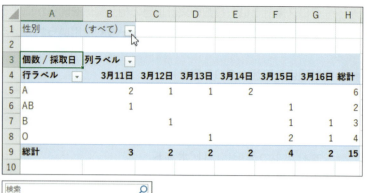

マクロ
▼（フィルター）をクリックすると，性別を変更できる。

③ 男性のデータのみを抽出した集計表が完成するので，ファイル名「献血3」で保存する。

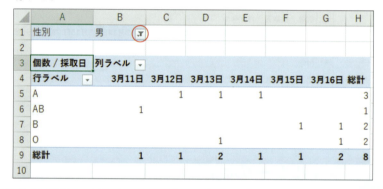

参考◆ピボットグラフ……作成したピボットテーブルからグラフを作成することができる。

① ファイル名「献血3」を開き，グラフを作成したいピボットテーブルを選択する。
② [ピボットテーブル分析]-（ピボットグラフ）をクリックする。
③ 作成したいグラフの種類（ここでは[積み上げ縦棒]）を選択する。
④ [OK]をクリックする。作成したピボットグラフは，通常のグラフとは異なり，グラフそのものの項目にフィルターを指定できるようになっているため，グラフを直接操作して集計グラフを作成できる。

ピボットグラフ

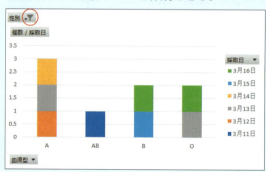

188　7章　Excelの活用

3 機能の活用

Excelには，文書作成やデータ処理がさらに効率よくできるような機能が搭載されている。以下では，そのような機能の1つである「フラッシュフィル」について説明する。

1 フラッシュフィル

マクロ
手続きを自動で行う機能。

入力したデータの規則性を自動的に認識し，必要とするデータを瞬時に入力する機能である。この機能を活用することで，数式やマクロを利用しなくても大量のデータを効率的に処理することができる。ここでは，すでに入力してある役員名のデータから，姓と名をそれぞれ書き出す処理を行う。

役員名簿の作成　例題32

次のような役員名簿を作成しよう。　　　（ファイル名「役員名簿」）

	A	B	C	D	E
1	番号	役職	役員名	姓	名
2	1	会長	山田　太郎	山田	太郎
3	2	副会長	後藤　恵子	後藤	恵子
4	3	書記	小林　美佐子	小林	美佐子
5	4	書記	田村　勉	田村	勉
6	5	会計	谷　純一郎	谷	純一郎
7	6	会計	宮崎　順子	宮崎	順子
8	7	会計監査	中村　大輔	中村	大輔
9	8	会計監査	青木　真奈美	青木	真奈美
10	9	庶務	田代　誠一	田代	誠一
11	10	庶務	長谷川　あかね	長谷川	あかね
12					

＜処理条件＞
① 1行目の見出しとA列からC列のデータを入力する。
② 姓と名は，フラッシュフィル機能を用いて役員名を分割して書き出す。

◆◆◆◆◆◆◆ **フラッシュフィル機能による書き出し**

❶ 例題のワークシートを作成する。
❷ セル(D2)に，「山田」と入力する。

	A	B	C	D	E
1	番号	役職	役員名	姓	名
2	1	会長	山田　太郎	山田	
3	2	副会長	後藤　恵子		
4	3	書記	小林　美佐子		

3　機能の活用　189

フラッシュフィル

③ セル (D2) から (D11) のいずれかにセルポインターを移動し，[データ]-（フラッシュフィル）をクリックする。

④ セル (D3:D11) に，役員名の姓が書き出される。

練習73 フラッシュフィル機能を利用して，E列に役員名の名を書き出しなさい。

参考◆**フラッシュフィルオプション**……フラッシュフィル実行後に表示されるアイコンをクリックすると，表示された候補を確定したり，取り消したりすることができる。

演算子 &
文字列を連結する演算子。

LEN 関数
指定した文字列の文字数(length＝長さ)を返す関数。

REPT 関数
指定した文字列を指定した回数分リピート(repeat)する関数。

参考◆**指定した文字数になるように姓と名の間に空白を入れて連結**……セル(F1)に5と入力し，セル(F2)に「=IF(LEN(D2&E2)>F$1,D2&E2,D2&REPT(" ",F$1-LEN(D2&E2))&E2)」という式を入力し，その式をセル(F3:F11)にコピーする。

190　7章　Excelの活用

実習 **33** ダウンロードしたファイル名「野球選手名簿」を開き，並べ替えやフィルターによる抽出を行ってみよう。

	A	B	C	D	E	F
1	背番号	選手名	よみ	身長	体重	ポジション
2	0	工藤　隆人	くどう　たかひと	171	73	外野手
3	2	小笠原　道大	おがさわら　みちひろ	178	83	内野手
4	6	坂本　勇人	さかもと　はやと	184	78	内野手
5	7	長野　久義	ながの　ひさよし	180	80	外野手
6	8	谷　佳知	たに　よしとも	173	77	外野手
55	93	笠原　将生	かさはら　しょうき	191	90	投手
56	94	橋本　到	はしもと　いたる	172	70	外野手
57	95	星野　真澄	ほしの　ますみ	181	72	投手
58	99	藤井　秀悟	ふじい　しゅうご	175	86	投手

●処理条件………

＜並べ替え（簡易型）＞

① 背番号の大きい順に並べ替えなさい。

② 体重の軽い順（昇順）に並べ替えなさい。

③ 身長の高い順に（降順）に並べ替えなさい。

＜並べ替え（通常型）＞

① 最優先されるキーを「ポジション」の昇順，次に優先されるキーを「身長」の高い順（降順）で並べ替えなさい。

② 最優先されるキーを「ポジション」の昇順，次に優先されるキーを「体重」の重たい順（降順）で並べ替えなさい。

③ 最優先されるキーを「ポジション」の昇順，次に優先されるキーを「よみ」の昇順で並べ替えなさい。

＜抽出＞

① ポジションが「投手」である行が表示されるようにしなさい。

② 身長が「180以上」である行が表示されるようにしなさい。

③ 体重が「平均より上」であるが表示されるようにしなさい。

実習問題　191

実習 34 次の表は，ある図書館の2年間の人気棚貸出実績である。指標1と指標2により展示する棚の変更を考えている。下のような表を作成し，ファイル名「人気棚」で保存しなさい。

	A	B	C	D	E	F	G	H	I
1	人気棚貸出詳細								
2	蔵書番号	書名	前年度貸出		今年度貸出		指標1	指標2	判定
3			回数	日数	回数	日数			
4	E1	黄金の闇	12	111	15	111	● 1.3	⬢ 1.0	人気
5	F1	青の城	25	213	30	333	※1	※2	※3
6	D1	ガラスの川	21	222	17	197	※1	※2	※3
7	C1	写楽王	19	196	16	200	※1	※2	※3
8	G1	斜め左の敵	30	321	42	345	※1	※2	※3
9	F2	竜の都	22	231	13	121	※1	※2	※3
10	B1	トリックアート	17	201	34	305	※1	※2	※3
11	G2	タウンミステリー	24	256	25	207	※1	※2	※3
12	D2	裏の季節	31	299	33	299	※1	※2	※3
13	A1	王が愛した数学	18	211	15	124	※1	※2	※3
14									

●処理条件………

① ※1の指標1は，（今年度貸出回数）／（前年度貸出回数）で求め，小数第1位未満を四捨五入して小数第1位まで表示する。

② ※2の指標2は，（今年度貸出日数）／（前年度貸出日数）で求め，小数第1位未満を四捨五入して小数第1位まで表示する。

③ ※3の判定は，IF関数（ネスト）を使用して，指標1と指標2のいずれも1以上ならば「人気」，指標1と指標2のいずれかが1以上ならば「一般」，それ以外ならば「書庫」を表示する。

④ 条件付き書式により，データバーやアイコンセットを追加し，判定の列の「人気」は強調表示する。

ヒント ・回数は，セル（C4:C13）とセル（E4:E13）を同時に範囲指定し，[条件付き書式]-[データバー(D)]-[青のデータバー]を指定する。日数も同様に範囲指定し，[赤のデータバー]を指定する。

・指標1と指標2は，セル（G4:H13）を範囲指定し，[条件付き書式]-[アイコンセット(I)]-[3つの図形]を指定する。

・判定は，セル（I4:I13）を範囲指定し，[条件付き書式]-[セルの強調表示ルール(H)]-[文字列(T)]で，「人気」と入力する。

192　7章　Excelの活用

実習 35 次のような表とグラフを作成し，ファイル名「売上」で保存しなさい。

	A	B	C	D	E	F	G
1	売上の推移					(単位：万円)	
2	支店名	2015年	2016年	2017年	2018年	2019年	傾向
3	札幌	373	366	352	288	272	
4	小樽	302	329	352	275	228	
5	苫小牧	124	124	145	152	151	
6	旭川	108	129	143	142	163	
7	函館	99	113	137	154	127	

●処理条件………
① 傾向は，スパークライン（縦棒）を用いてセル内に棒グラフを表示する。
② 以下のようなグラフを作成する。

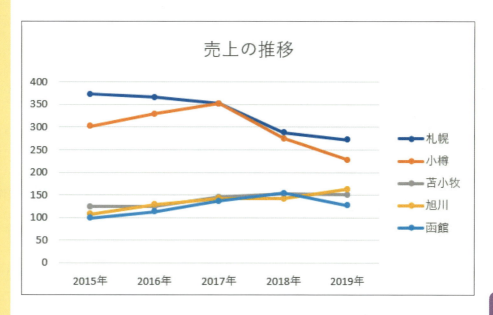

ヒント　スパークラインは，[挿入]-[スパークライン]-（縦棒）をクリックし，データ範囲に（B3:F7），場所の範囲に（G3:G7）を指定する。

実習 36 次のような表とグラフを作成し，ファイル名「食品成分表」で保存しなさい。

	A	B	C	D	E	F	G	H
1	食品100gあたりの成分表							
2								
3	番号	食品	区分	エネルギー(Kcal)	タンパク質(g)	脂質(g)	炭水化物(g)	成分構成
4	1	ごはん	穀類	168	2.5	0.3	37.1	
5	2	食パン	穀類	264	9.3	4.4	46.7	
6	3	うどん（ゆで）	穀類	105	2.6	0.4	21.6	
7	4	そば（ゆで）	穀類	132	4.8	1	26	
8	5	即席カップめん	穀類	448	10.7	19.7	56.9	
9	6	ポップコーン	穀類	484	10.2	22.8	59.6	
10	7	豚ロース（焼き）	肉類	328	22.7	1.2	0.3	
11	8	鶏もも（焼き）	肉類	229	13.2	1	0	
12	9	ウインナー	肉類	321	28.5	2.3	3	
13	10	マグロ（めばち・生）	魚介類	108	22.8	1.2	0.2	
14	11	するめいか（生）	魚介類	88	18.1	1.2	0.2	
15	12	わかめ（湯通し塩蔵）	藻類	11	1.7	0.4	3.1	
16	13	ショートケーキ	菓子類	344	7.4	14	47.1	
17	14	イーストドーナッツ	菓子類	387	7.1	20.4	43.8	
18	15	ポテトチップス	菓子類	554	4.7	35.2	54.7	
19								

文部科学省食品成分データベースより

●処理条件………
① 表は，テーブルとして書式設定（中間2）する。
② エネルギーの列に，条件付き書式「データバー（赤）」を設定する。
③ タンパク質と脂質と炭水化物の列に，条件付き書式「データバー（青）」を設定する。
④ 成分構成の列に，スパークライン「縦棒」を，データ範囲（E4:G18）で設定する。
⑤ フィルター機能でエネルギーが大きい順（降順）に並べ替え，元に戻す（**Ctrl**＋**Z**も可）。
⑥ フィルター機能で「穀類」のみ表示し，以下のようなグラフを作成し，「すべて表示」に戻す。

実習 37

次のような表を作成し，ファイル名「アンケート集計」で保存しなさい。

	A	B	C	D
1	アンケート結果			
2				
3	回答者	性別	年代	回答
4	1	女	40	○
5	2	男	40	×
6	3	女	50	×
7	4	女	10	○
8	5	男	30	○
9	6	男	20	×
10	7	女	40	○
11	8	男	10	×
12	9	男	50	○
13	10	女	30	×
14				

アンケート結果

個数 / 回答	列ラベル		
行ラベル	○	×	総計
⊟10	1	1	2
男		1	1
女	1		1
⊟20		1	1
男		1	1
⊟30	1	1	2
男	1		1
女		1	1
⊟40	2	1	3
男		1	1
女	2		2
⊟50	1	1	2
男	1		1
女		1	1
総計	5	5	10

アンケート集計表

●処理条件

① ピボットテーブルを作成し，アンケート結果を集計する。

ヒント・ピボットテーブルのフィールドは，以下のように設定する。

・列ラベルの ▼ をクリックし，降順をクリックする。さらに，行ラベルの ▼ をクリックし，[フィールドの選択]で性別を選択し，降順をクリックする。

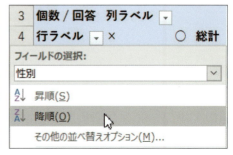

実習問題　195

8章 Word, Excel間のデータ共有

いろいろなアプリで作成した文章，絵，表，グラフ，さらには，音声や動画など（オブジェクト）をつなぎ合わせて，新たに1つのデータとしてまとめる機能をOLE（Object Linking and Embedding）と呼んでいる。

これまで1つのファイル内で実行していたコピーや貼り付けが，OLEに対応したアプリ間では，全く同様に操作することができる。

1 WordとExcelの連携

1 コピーと貼り付け

> Word, Excel は OLE に対応したアプリである。

Word 単体でも表やグラフの作成は可能であるが，Excel で作成した表やグラフを活用することで，より表現力のあるWord 文書を効率よく作成することができるようになる。

営業報告書 例題 33

次のような報告書を作成しよう。 （ファイル名「営業報告書」）

営業報告書（2月）
東および西支店において試験的に導入した販促活動により，20％程度の売上増を達成した。来月以降は他支店にも順次展開していく予定である。駅前支店については，1月中旬から改装工事（3月末完成予定）を実施している関係で，売上が減少している。

支店名	1月	2月	前月比
北	¥2,301,987	¥2,261,309	98%
南	¥2,245,312	¥2,285,107	102%
中央	¥3,107,224	¥2,978,110	96%
駅前	¥2,401,576	¥1,997,602	83%
東	¥2,511,668	¥3,081,674	123%
西	¥2,484,127	¥2,844,770	115%

支店別売上

セルのサイズ
セルのサイズは，文字数に合わせて適宜調整しよう。

参考◆オブジェクト貼り付けのイメージ

データの準備

① Excel を起動し，7章のファイル名「売上一覧」を開く。

② （A1:C7）を範囲指定し，[挿入]- ■■ （縦棒）- ■■ （集合縦棒）をクリックする。

③ グラフが作成されるので，タイトルに「支店別売上」と入力する。

④ ファイル名「売上一覧とグラフ」で保存する（表とグラフは後で使用するので，このファイルは開いたままにしておく）。

文章の入力

① Word を起動し，以下の文章を入力する。後で表を貼り付けるため Enter を1回押して改行しておく。

> 営業報告書（2月）
> 東および西支店において試験的に導入した販促活動により，20％程度の売上増を達成した。来月以降は他支店にも順次展開していく予定である。駅前支店については，1月中旬から改装工事（3月末完成予定）を実施している関係で，売上が減少している。

1 Word と Excel の連携　197

◆◆◆◆◆◆◆ **表の貼り付け**

アプリケーション ソフトの切り替え
P.14参照

① Excelに切り替え，（A1:D7）を範囲選択し，[**ホーム**]-（**コピー**）をクリックする（下図）。Wordに切り替え，最後の改行にカーソルを合わせて，[**ホーム**]-（**貼り付け**）をクリックする（右図）。

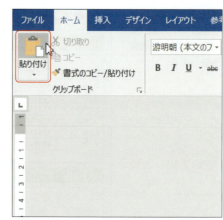

表のレイアウト
貼り付けた表は，次の動作を行うことができる。
・（表の移動ハンドル）をドラッグした場所の移動
・罫線をドラッグしたセル幅の変更

② 貼り付けられたExcelの表を，画面中央付近にレイアウトする。

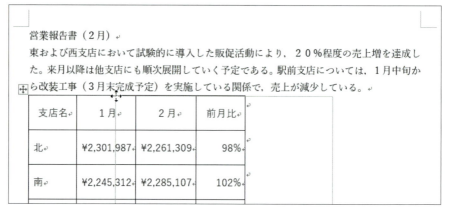

◆◆◆◆◆◆◆ **グラフの貼り付け**

① Excelに切り替え，グラフエリアをクリックしてグラフ全体を選択し，[**ホーム**]-（**コピー**）をクリックする。

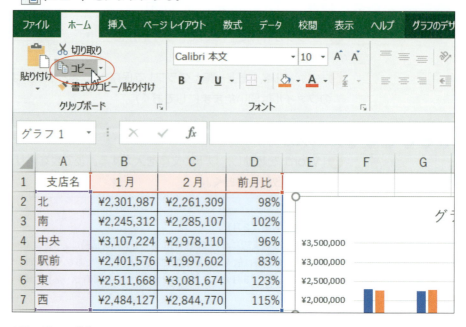

198　8章　Word, Excel 間のデータ共有

❷ Word に切り替え，最後の改行にカーソルを合わせ，[ホーム]- (貼り付け)
をクリックする。

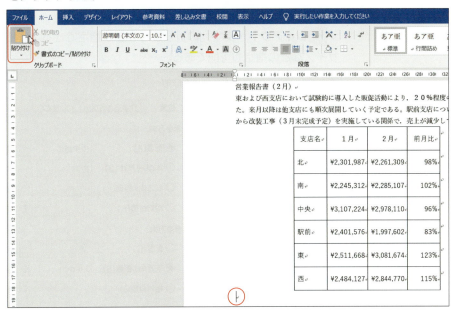

❸ 貼り付けられたExcel のグラフをクリックし，グラフ右に表示される (レイアウトオプション)- (前面)をクリックする。

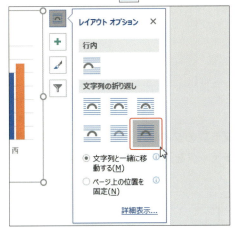

❹ グラフが移動可能になるので，画面中央付近にレイアウトする。

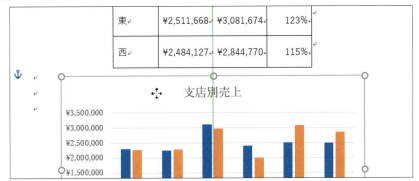

❺ 例題の文書が完成するので，ファイル名「営業報告書」で保存する。

1　Word と Excel の連携　199

参考◆◆オブジェクトレイアウト……グラフを選択したときに右側に現れるアイコンをクリックすると，さまざまなオプションを選択することができる。

＜主なオプションの内容＞

　　レイアウト…文字列の折り返しなどが指定できる。詳細表示画面では，位置やサイズなどの指定も可能である。

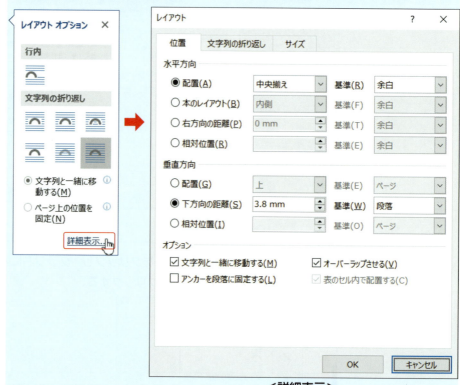

＜詳細表示＞

　　グラフ要素…グラフのタイトル，軸，凡例などの要素を追加，削除できる。チェックボックスにチェックを入れると要素の追加，チェックを外すと要素の削除となる。

グラフスタイル…グラフのスタイルや使用する色などを設定できる。

グラフフィルター…グラフにどの要素と名前を表示するかを編集できる。
チェックボックスやオプションボタンにチェックを入れると要素の表示，チェックを外すと要素の削除となる。データの選択画面では，グラフを作成した元のデータの選択も可能である。

 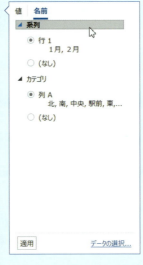

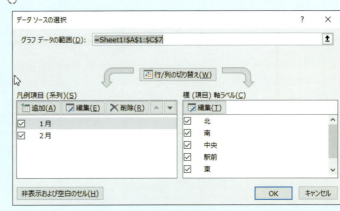

<データの選択>

1　Word と Excel の連携　201

2 スクリーンショット

コンピューターで開いているウィンドウの全体，またはその一部を画像データとして取り込むことができる機能である。ここでは，インターネット上のGoogle Mapから取得した地図をWordで作成した文書に貼り付けたアクセスマップを作成する。（インターネットへの接続環境が必要）

アクセスマップの作成　例題34

次のようなアクセスマップを作成しよう。

（ファイル名「アクセスマップ」）

実教出版株式会社
〒102-0076　東京都千代田区五番町5

◆◆◆◆◆◆◆画像データの準備

① ■ (スタートボタン)からMicrosoft Edgeを起動し，アドレスバーに「グーグルマップ」と入力する。候補が表示されるので，最上段の「グーグルマップ」をクリックする。

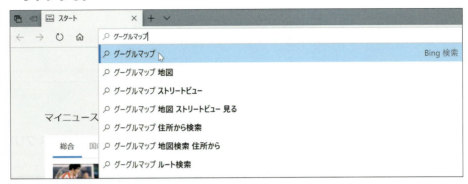

② 検索結果の最上段にある「Google Maps」を起動する。

③ 検索窓に「実教出版」と入力し，🔍検索をクリックすると地図が表示される。

地図上でマウスポインターをドラッグすると，地図の表示を移動できる。

後で利用するので，Microsoft Edgeは起動したままにしておく。

1 WordとExcelの連携 203

◆◆◆◆◆◆ 文章の入力

① Wordを起動し，以下の文章を入力する。後で画像を貼り付けるため Enter を1回押して改行しておく。

◆◆◆◆◆◆ スクリーンショット機能による取り込み

① 最後の改行にカーソルを合わせ，[挿入]-(図)-　(スクリーンショット)-[画面の領域(C)]をクリックする。

② 自動でMicrosoft Edgeに切り替わるので，画面が白くなったら取り込みたい部分の範囲をマウスでドラッグして指定する。

③ 範囲指定した部分が貼り付けられるので，画像の右下をドラッグし，画像サイズを調整する。

◆◆◆◆◆◆ **手軽な画像の加工**

① 画像を選択した状態で，[図の形式]-[図のスタイル]-▼(その他)をクリックする。

② その他の候補が表示されるので，🖼[対角を切り取った四角形，白]をクリックする。

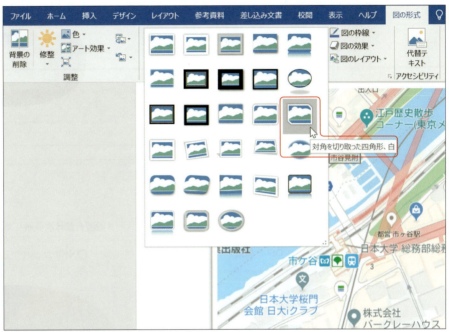

③ ファイル名「アクセスマップ」で保存する。

参考◆引用する際の注意事項……作成する文書中に，他人や団体が作成した著作物を引用する際には，その著作物の出所を明示しなくてはならない。
　また，引用する量も「必要と認められる範囲」，つまり「最小限」にとどめなくてはならない。とくに，インターネットで公開されている情報については注意が必要である。
　判断がつかない場合は，著作者に連絡をとり，著作物の使用に関する許諾を得るとよい。

1　WordとExcelの連携　205

実習 38 次の表とグラフをExcelで作成し，オブジェクトとしてWordに貼り付けた報告書をファイル名「コンピュータ台数報告書」で保存しなさい。
（書式設定：Ａ４縦・行数のみ指定１ページ36行）

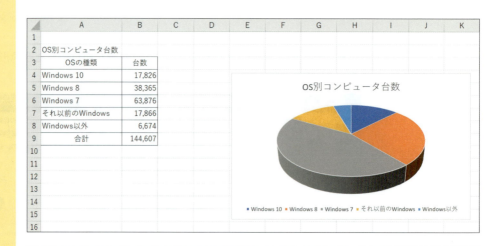

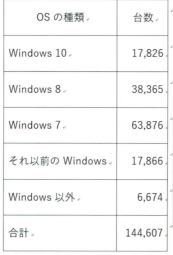

実習 39 WordとMicrosoft Edgeを起動し，Wordのスクリーンショット機能を利用してMicrosoft Edgeに表示されている画面（全体または一部）を，Word文書上に貼り付けなさい（インターネットからの情報を貼り付けたWord文書は保存しなくてよい）。

実習 40 次の文章を入力し，スクリーンショット機能を用いてプログラムの画面を画像データとして取り込んだワードパッドに関する説明書を作成し，印刷・保存しなさい。
（書式設定：Ａ４縦・行数のみ指定１ページ36行・ファイル名「ワードパッド」）

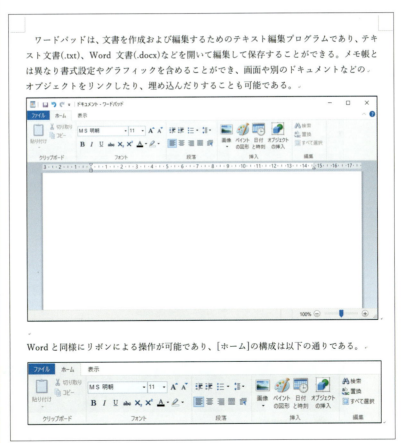

注　ワードパッドは，[スタートメニュー]-[Windows アクセサリ]内にある。

実習問題　207

付録 プログラミング入門

マクロ
作業を自動化するために使用できる1つ、または複数のアクションである。

　Microsoft Officeに搭載されているプログラミング言語VBA(Visual Basic for Applications)を使用して、Excel上でさまざまな処理を実行することができるマクロを作成することができる。

1 プログラム作成の準備

　VBAによるマクロを作成するには、VBE(Visual Basic Editor)を使用する。VBEを起動するために必要な[開発]タブは、既定で非表示になっている。この[開発]タブを表示して、プログラム作成の準備をしよう。

1 開発タブの表示

① [ファイル]-(オプション)をクリックし、Excelのオプションウィンドウを開く。
② [リボンのユーザー設定]-[メインタブ]にある「開発」のチェックボックスにチェックを入れる。

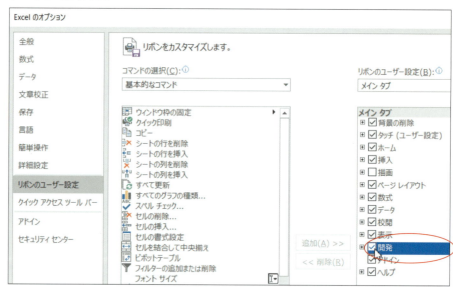

③ [OK]をクリックすると、[開発]タブが追加される。

208　付録　プログラミング入門

2 マクロ作成の準備

マクロ

❶ [開発]-(マクロ)をクリックする。

マクロ名の規則
使用できる文字
＜半角＞
英数字 A,a,1 など
アンダースコア _
＜全角＞
漢字
ひらがな
カタカナ
ただし，マクロ名の先頭に数字とアンダースコアを指定することはできない。

❷ マクロウィンドウが表示されるので，マクロ名(以下の例では「test」)を入力し，作成(C) をクリックする。

❸ VBEが起動し，「test」というマクロが作成できるようになる。

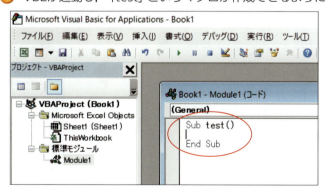

参考◆SubとEnd Sub……マクロウィンドウからマクロ名を入力して作成した場合は，先頭にSubと半角スペース，最後にEnd Sub，マクロ名の後に( )が自動で挿入される。SubからEnd SubまでをSubプロシージャといい，マクロを実行するときの実行単位となる。

1 プログラム作成の準備 209

2 簡単なプログラムの作成と実行

1 マクロ作成

■ メッセージ表示プログラムの作成 例題 35

Excel 上でダイアログボックスにメッセージを表示するマクロを作成しよう。

（ファイル名「メッセージ」）

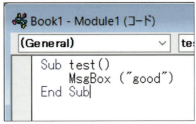

◆◆◆◆◆◆ MsgBox 関数 (メッセージの表示)

MsgBox 関数
" " で囲んだ文字列をダイアログボックス内に表示する。

① 前ページまでの手順により，マクロ作成の準備をする。
② Sub test( ) の次の行の先頭のカーソルで Tab を押し，字下げ (インデント) をする。

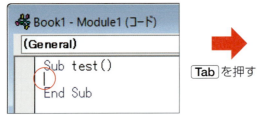 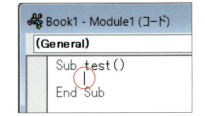

③ 「msgbox("good")」と入力し，↓ を押すと，「msgbox」が「MsgBox」に自動で修正される。

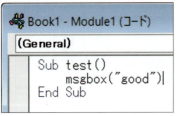 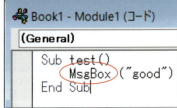

④ 例題のマクロが完成する。

参考◆字下げ (インデント) ……処理のまとまりで字下げをしておくと，VBA プログラムが見やすくなる。

参考◆関数名の自動修正 ……すべて小文字で入力しても，大文字を含む正しい関数名に自動で修正される。

2 マクロ実行

ショートカットキーによるマクロの実行 F5

① VBEウィンドウの ▶ (Sub/ユーザーフォームの実行)をクリックする。

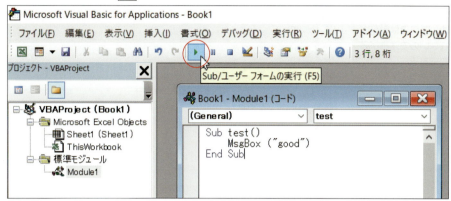

② ダイアログボックス内にメッセージ「good」が表示される。

③ ダイアログボックス内の OK をクリックすると，VBEウィンドウに戻る。

練習73 Msgbox関数の" "内の文字列を自由に変更し，ダイアログボックス内にメッセージを表示させなさい。

3 プログラムの保存

作成したマクロを保存しよう。

① VBEウィンドウの[ファイル(F)]-[Book1の上書き保存(S)]をクリックする。

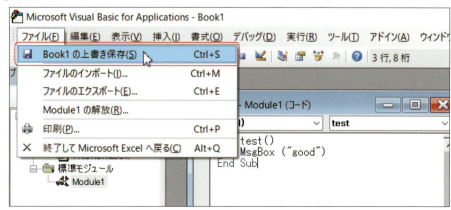

マクロ有効ブック
マクロを含んだブックとして保存するときに指定する。通常のExcelブックには，マクロは保存されないので注意が必要である。

❷ [**名前を付けて保存**]ダイアログボックスが表示されるので，ファイル名（以下の例では「メッセージ」）を入力し，ファイルの種類に「Excelマクロ有効ブック」を選択する。

❸ 保存(S) をクリックすると，マクロを含んだExcelブックが保存される。

❹ Excelを終了する。

参考◆マクロのセキュリティ……マクロを含んだブックを開くと，ウィルスなどの危険なマクロが自動実行されないように，マクロを無効にするセキュリティの警告が表示されることがある。

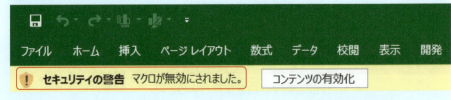

　自分で作成したものなど信頼できるマクロの場合は，コンテンツの有効化 ボタンをクリックして，マクロを実行できるようにして良い。

4 プログラムの基本構造

プログラムは「順次」「選択」「繰り返し」の3つの基本構造を用いて記述することができる。それぞれの構造を持つプログラムを作成しよう。

流れ図
処理の流れを記号や線で表した図。使用する記号はJIS規格により標準化されている。

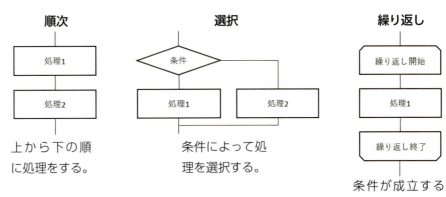

1 順次

◆◆◆ 入力された文字列を表示するプログラムの作成　例題36

入力された名前をダイアログボックス内に表示するマクロを作成し，実行しよう。　　　　　　　　　　　　　　　　　　　　（ファイル名「順次」）

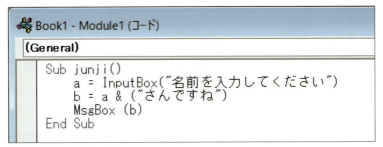

処理1　変数aに，入力された文字列（名前）を格納する。
処理2　変数a（名前）に文字列「さんですね」を結合し，変数bに格納する。
処理3　変数bをダイアログボックス内に表示する。

& 演算子
複数の文字列を結合する。

InputBox 関数
ダイアログボックスに入力された文字列を取得できる。

◆◆◆◆◆ InputBox 関数 (メッセージの表示)

① [開発]-■（マクロ）をクリックし，マクロ「junji」を作成する。
② 字下げ（インデント）をして，例題の画面のように入力する。
③ 例題のマクロが完成するので，マクロ有効ブックとしてファイルを保存する（ファイル名「順次」）。
④ マクロを実行する。実行後，Excelを終了する。

<実行結果> （例）「実教出版」と入力し，OKをクリックする。

2 選択

入力された文字列により処理を選択するプログラムの作成 例題37

入力された得点により判定した内容を，ダイアログボックス内に表示するマクロを作成し，実行しよう。　　　　　　　　　　　（ファイル名「選択」）

```
Sub sentaku()
    a = InputBox("得点を入力してください")
    If a >= 80 Then
        MsgBox ("合格")
    Else
        MsgBox ("不合格")
    End If
End Sub
```

処理1　変数aに，入力された文字列（得点）を格納する。
条件（aが80以上）を満たす場合は，
　　処理2　「合格」をダイアログボックス内に表示する。
条件（aが80以上）を満たさない場合は，
　　処理3　「不合格」をダイアログボックス内に表示する。

If ～ Then ～ Else ステートメント（条件により処理を選択）

① [開発]-　（マクロ）をクリックし，マクロ「sentaku」を作成する。
② 字下げ（インデント）をして，例題の画面のように入力する。
③ 例題のマクロが完成するので，マクロ有効ブックとしてファイルを保存する（ファイル名「選択」）。
④ マクロを実行する。実行後，Excelを終了する。

<実行結果>　　　　　　　　　　　　　　　　　　　80以上の場合　80未満の場合

If ～ Then ～ Else ステートメント（条件により処理を選択）
If 条件式 Then
　条件式が
　真 (True) の場合
　の処理
Else
　条件式が
　偽 (False) の場合
　の処理
End If

214　付録　プログラミング入門

3 繰り返し

指定した回数だけ処理を繰り返すプログラムの作成　例題38

　指定した回数だけ，ダイアログボックス内にメッセージを表示するマクロを作成し，実行しよう。

（ファイル名「繰り返し」）

```
Sub kurikaeshi()
    k = InputBox("回数を入力してください")
    For i = 1 To k
        MsgBox (i & "回目の処理です")
    Next i
End Sub
```

処理1　変数kに，入力された文字列(回数)を格納する。
条件(カウンタ変数iがkになるまで)が成立する間は，
　処理2　カウンタ変数iに"回目の処理です"を結合したメッセージを，ダイアログボックス内に表示する。
　処理3　カウンタ変数iを1増やして，条件の判定に戻る。

& 演算子
複数の文字列を結合する。

For ～ Next ステートメント
For カウンタ変数
　= 初期値 To 最終値
　　繰り返す処理
Next カウンタ変数

マクロの強制終了
マクロ実行中に Esc キーを長押しして，表示されたメッセージの終了(E) ボタンを押すことで，処理を強制終了することができる。

◆ For ～ Next ステートメント (条件が成立する間，処理を繰り返す)

① [開発]-　(マクロ)をクリックし，マクロ「kurikaeshi」を作成する。
② 字下げ(インデント)をして，例題の画面のように入力する。
③ 例題のマクロが完成するので，マクロ有効ブックとしてファイルを保存する(ファイル名「繰り返し」)。
④ マクロを実行する。実行後，Excelを終了する。

<実行結果>　　(例) 3と入力し，OKをクリックする

4　プログラムの基本構造　215

さくいん

英数字

AND	155, 175
Excel2019	102
IME	28, 33
IME パッド	53
Internet Explorer 11	13
Microsoft Edge	7
Media Player	13
NOT	155
OLE	196
OR	155
OS	4
UD フォント	74
Web ブラウザー	13
Web レイアウト	27
Windows10	4
Word2019	24
3D モデルの挿入	89
3D モデルの削除	90
4 倍角文字	75
100% 積み上げ縦棒	125

ア

アイコン	6, 23
アイコンセット	177
アイコンの挿入	87
アカウント	7
アクションセンター	7, 16
アクセサリ	13
アクティブセル	103
アドレスバー	18
アプリ	7, 9
アプリの起動	9
網かけ	81
網かけの解除	81
アンダーライン	76
移動	64, 110
イラストの挿入	89
インク機能	97
印刷	44, 47, 107, 126

印刷プレビュー	46
印刷レイアウト	27, 46
ウィンドウ	11
上書き保存	42
エクスプローラー	7, 17
閲覧モード	27
エラーインジケーター	116
円	123
円グラフ	127
円グラフの切り離し	128
オート SUM	115, 144
オートコレクト	71
オートフィルオプション	113
オートフィルターオプション	175
オブジェクトレイアウト	200
オペレーティングシステム	4
折れ線	123

カ

カーソル	27
カーニング	67
改行	41
開発タブ	208
顔文字	55
箇条書き	71
下線	76, 121
下線の解除	76
画像の挿入	92
かな入力	28, 29
カラースケール	176
漢字変換	32
関数からの参照	184
関数の挿入	148
関数のネスト	156
記号の入力	34, 49
起動	4, 23, 102
境界線	10
強制改行	41
行属性	61
行の削除	109
行番号	103

行・列の挿入	82	散布図	123
切り上げ	151	シート見出し	103
切り捨て	151	軸ラベル	132
切り取り	62，110	字下げ	210
均等割り付け	79	四捨五入	150
クイックアクセス	17，19	辞書	32
クイックアクセスツールバー	27，103	システムツール	13
組み合わせ	123	斜体	121
グラフ	123	シャットダウン	6，8
グラフエリア	123	集計	157
グラフツール	125	住所の入力	55
グラフの貼り付け	198	終了	8，26，102
クリア	178，183	縮小表示バー	14
繰り返し	215	順位づけ	148
クリック	5	順次	213
クロス集計	187	条件付き書式	176，178
罫線	121	昇順	171
系列	129	小数点以下の表示	119
消しゴム	98	ショートカットメニュー	63，111
桁区切りスタイル	119	書式設定	66，117，132
言語バー	28	書式のプレビュー	176
検索	21，160	数式	51
検索ボックス	7，18	数式の入力	115
合計	115	数式バー	103
降順	171	数値軸目盛の変更	130
更新ボタン	18	数値の個数	147
コーナー（四隅）	10	数値のデータ	104
コピー	60，110，196	ズームスライダー	27
ごみ箱	6	スクリーンショット	202

サ

		スクロール	5
		スクロールバー	10
再起動	6，8	スクロールホイール	5
最小化ボタン	10，12	スタート画面	7
最小値	145	スタートボタン	6
最大化	12	スタートメニュー	7
最大化ボタン	10，12	ステータスバー	18，27，103，116
最大値	144	ストア	7
削除	62	スパークライン	179
サブフォルダー	20	スリープ	6，8
サムネイルツールバー	14	スリープ状態の解除	8
算術演算子	115	セッション	8

さくいん　**217**

設定	6		手書き入力	53
絶対参照	149, 151		テキスト文書	19
セル	103		テキストボックス	93
セルの結合	83		デスクトップ	4, 6, 19
セルの削除	109		デバイス	17
セルの書式	112		電源	8
セルの挿入	108		ドキュメント	19, 22
セル番地	103		閉じるボタン	10, 12
セルを結合して中央揃え	120		ドライブ	17, 19
全セル選択ボタン	103		ドラッグ	5
選択	214		ドラッグアンドドロップ	5
センタリング	70			
相対参照	149			

タ

タイトル	123
タイトルバー	10, 27, 103
タイル	7
ダウンロード	19
高さ変更	78
タスクバー	7, 14
タスクビュー	7
縦軸	123
縦倍角文字	75
縦棒	123
タブ	18
ダブルクリック	5, 6
単語登録	56
段落配置の設定	70
中央揃え	70, 120
通貨表示形式	119
通知領域	7, 16
積み上げ縦棒	125
データ系列	132
データの集計	185
データの修正	112
データバー	177
データベース	170
データラベル	133
テーブル	181
テーブルスタイル	182

ナ

流れ図	213
ナビゲーションウィンドウ	18
名前ボックス	103
並べ替え	170
並べ替え（簡易型）	171
並べ替え（通常型）	172
日本語入力システム	28
入力の訂正	38
入力モード	29
塗りつぶし	122

ハ

倍角文字	75
箱ひげ図	123
貼り付け	61, 110
貼り付けオプション	111
判定	152
凡例	123
比較演算子	153
ピクチャ	19
ヒストグラム	123
左揃え	120
ビデオ	19
ピボットグラフ	188
ピボットテーブル	185
表	77
描画タブ	96
表示形式	119, 151

表の作成	77
表の貼り付け	198
ファイルの検索	21
ファイルを開く	107
フィルター	174, 187
フィルハンドル	113
フォルダー	19, 20
フォルダーウィンドウ	18
フォント	74, 120, 134
複写	60
複合グラフの挿入	131
複合参照	149
ブック	102
太字	121
フラッシュフィル	189
プリンター	19
フルスクリーンプレビュー	15
プログラム	208
文書ウィンドウ	27
文書の保存	42
文書の読み込み	43
文書表示ボタン	27
文節変換	35
平均	116
ペイント	13
ページ番号の削除	48
ページ番号の設定	47
ページ番号の編集	48
ヘルプファイル	19
編集モード	112
ポイント	5
棒グラフ	124
保存	42, 106
翻訳機能	99

マ

マウス	5
マウスポインター	5, 6, 11, 26

マクロ	208
マルチタスク	13
右クリック	5, 25, 111
右揃え	71, 120
ミュージック	19
メール	7
メッセージの表示	210
メニューバー	10
メモ帳	13, 14
文字の配置	120
元に戻す	61, 171

ヤ

用紙サイズ	44
横軸	123
横倍角文字	75
余白	45
読み込み	43

ラ

リボン	18, 27, 103
ルールの管理	179
ルビ	80
レーダーチャート	123
列の挿入	109
列幅と行の高さの変更	117
列幅の自動調整	118
列幅変更	78
列番号	103
連続データ	114
ローマ字入力	28, 29
論理演算子	154, 155
論理式	153

ワ

ワークシート	103
ワードパッド	13

巻末資料 1 データのダウンロード

本書を学習するにあたり必要となるデータを，次の方法でダウンロードすることができる。

① [スタートボタン]の横の検索ボックスをクリックし，「実教出版」と入力する。ダウンロードデータはインターネット上にあるので，上部メニューの[Web]をクリックすると，右側に検索結果が表示される。

② 検索結果から，「実教出版ホームページ」をクリックすると，Microsoft Edgeが起動して実教出版のホームページが表示される。

※これ以降の画面は2019年9月のものであり，予告なく変更される場合があります。変更後も，同様の方法でダウンロードできるので，あしからずご了承下さい。

③ サイト内の検索欄に「30時間でマスター Word&Excel」と入力し，検索すると，検索キーワードを含む書目の一覧が表示される。

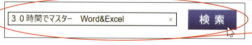

④ 表示された一覧から，「30時間でマスター Word&Excel2019」をクリックする。

220 巻末資料

⑤ 開いた本書のWebページにある「ダウンロード」ボタンをクリックする。

⑥ ダウンロードデータ詳細ページが表示される。データファイルの横にある「ダウンロード」をクリックすると，ページの下にダウンロードの方法を尋ねるポップアップが出る。

⑦ 保存をクリックすると，データファイルのダウンロードが開始される。

⑧ ダウンロードが終了すると，メッセージが表示される。

⑨ フォルダーを開くをクリックすると，エクスプローラーでダウンロードフォルダーが表示される。

⑩ ダウンロードされたファイルはZIP形式で圧縮されているので，ファイルをダブルクリックをして展開する。

⑪ 展開された「30HW&E_2019」フォルダをダウンロードフォルダーにドラッグアンドドロップし，ファイルを伸張する。
※本書ではダウンロードフォルダーにデータをコピーしたこととして本文が展開されている。任意のフォルダーにコピーした場合には，読み替えて作業を行う必要がある。

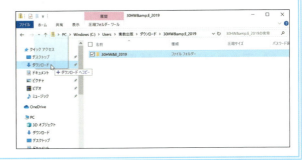

巻末資料 221

巻末資料 2　インターネット利用のモラル

　インターネット上には，ショッピングやオークション，SNS（ソーシャルネットワーキング
サービス），音楽や映像の配信，ストリーミング放送，ネットバンキング，株などのオンライン
トレードなど多様なサービスが提供されている。インターネットは私たちの生活に役立つ大変便
利なものである。

　しかし，インターネットは使いかたを誤ると，簡単に人を傷つけてしまったり，人から傷つけ
られてしまったりする場合がある。人と接するとき，電話で話をするとき，手紙を書くときなど
にもマナーがあるように，インターネットの世界にも守るべきルールやマナーが存在する。その
ルールやマナーをきちんと理解し，トラブルを避けると同時に，絶対に加害者にならないよう注
意したい。

❶　自分の行動には責任を持つ

　インターネットでは「匿名」でのコミュニケーションがひとつの魅力になっているが，これが
悪用されることも多い。インターネットは自己責任の世界であるので，自分の行動には責任を
持とう。

　また，一般に匿名性が高いと言われてはいるが，プロバイダーなどにログが記録されているた
め，捜査機関が調べれば，誰がアクセスしたかなど判明するケースが多い。

❷　すべての情報発信は謙虚な姿勢で

　コンピューターや携帯電話でつながったインターネットの向こう側には，あなたと同じ感情を
持った人間がつながっている。相手の顔を思い浮かべ，思いやりと謙虚な姿勢で利用するよう
に心がけよう。

❸　むやみに個人情報を公開しない

　ネットショッピングや会員制のサイトを利用するときは，個人情報を問われることがあるが，
それによって危険が生じることもある。むやみに個人情報を公開しないようにしよう。

❹　危険なサイトに近づかない・利用しない

　インターネット上の多くのトラブルが，アダルトや出会い系などの有害情報サイトをきっかけ
に起こっている。危険なサイトには近づかず，利用しないように注意しよう。

❺　著作権・肖像権などを侵害しない

　他人が創作した文章や絵画、音楽などを許可なくWebページに掲載したり，レポートなどに
利用することは著作権侵害になる。また，勝手に人物の写真を撮って，それをWebページや
掲示板に載せることは肖像権の侵害になるし，トラブルの原因にもなるので，取り扱いには細
心の注意を払おう。

❻　コンピュータウイルスへの対策を講じる

　インターネットを楽しむ前に，ウイルス対策ソフトを購入し，インストールしよう。そして，
定期的に最新のものにアップデートを行うようにしよう。

❼　アカウント（ユーザID，パスワード）はしっかり管理する

　インターネットや電子メール、学校のコンピューター室などを利用するためのアカウント
（ユーザID，パスワード）は、キャッシュカードの暗証番号と同じくらい大切なものなので，
厳重に管理しよう。

巻末資料 3 関数一覧

本書で取り上げた関数を掲載している。「関数の分類」はExcelの[数式]バーから入力するときの分類を示している。個々の関数の詳しい書式や使い方は本書の掲載ページやExcelのヘルプを参照のこと。

関数の分類	関数名	書式	内容	本書の掲載ページ
数学／関数	合計	=SUM（範囲）	指定した範囲の合計。	115
統計	平均	=AVERAGE（範囲）	指定した範囲の平均。	116
統計	データの個数（数値）	=COUNT（範囲）	指定した範囲内の数値が含まれるセルの個数。	146
統計	データの個数（数値と文字列）	=COUNTA（範囲）	指定した範囲内の空白でないセルの個数。	－
統計	最大値	=MAX（範囲）	指定した範囲に含まれるデータの最大値。	144
統計	最小値	=MIN（範囲）	指定した範囲に含まれるデータの最小値。	145
統計	順位づけ	=RANK.EQ（数値，範囲，順序）	指定した数値の範囲内での順位。[順序]の0(または無指定)が降順，1が昇順。	148
数学／関数	四捨五入	=ROUND（数値，桁数）	指定した数値を（小数点から数えて）指定した桁数に四捨五入する。	150
数学／関数	切り上げ	=ROUNDUP（数値，桁数）	指定した数値を（小数点から数えて）指定した桁数に切り上げる。	151
数学／関数	切り捨て	=ROUNDDOWN（数値，桁数）	指定した数値を（小数点から数えて）指定した桁数に切り捨てる。	151
論理	判定	=IF（条件，真の場合，偽の場合）	条件が真と偽の場合によってそれぞれの処理を行う。	152
論理	AND	=AND（式1，式2，…）	指定したすべての式を満たすとき真となる。	155
論理	OR	=OR（式1，式2，…）	指定した式のどれか1つを満たすとき真となる。	155
論理	NOT	=NOT（式）	指定した式と逆の論理値となる。	155
論理	条件を満たすセルの個数	=COUNTIF（範囲，条件）	指定した範囲の内，条件に一致するセルの個数。	157
数学／関数	条件を満たすセルの合計	=SUMIF（範囲，条件，合計範囲）	指定した範囲のうち，条件に一致する，合計範囲に指定したセルの合計。	158
統計	条件を満たすセルの平均	=AVERAGEIF（範囲，条件，平均対象範囲）	指定した範囲のうち，条件に一致する，平均対象範囲に指定したセルの平均。	－
数学／関数	複数条件を満たすセルの合計	=SUMIFS（合計対象範囲1，条件範囲1，合計対象範囲2，条件範囲2…）	複数の合計対象範囲と条件範囲のそれぞれの条件にあてはまるセルの合計。	－
統計	複数条件を満たすセルの平均	=AVERAGEIFS（平均対象範囲1，条件範囲1，平均対象範囲2，条件範囲2…）	複数の平均対象範囲と条件範囲のそれぞれの条件にあてはまるセルの平均。	－
検索／行列	垂直方向への検索	=VLOOKUP（検索値，範囲，列番号，検索方法）	範囲を縦に検索して，検索値が見つかったら列番号のセルの値を表示する。	160
検索／行列	水平方向への検索	=HLOOKUP（検索値，範囲，行番号，検索方法）	範囲を横に検索して，検索値が見つかったら行番号のセルの値を表示する。	163

巻末資料 4　Office 2019 と Office 365

　本書は，2019年6月時点でのOffice 2019について解説している。同時期のOffice 365は機能的にはOffice 2019とほぼ同じだが，リボンの形状などが少々異なる。本書を用いてOffice 365を学習する場合には，次のようにリボンの差異があることに留意してほしい。

ローマ字・かな対応表

あ	A	I	U	E	O
	LA(XA)	LI(XI)	LU(XU)	LE(XE)	LO(XO)
か	KA	KI	KU	KE	KO
	KYA	KYI	KYU	KYE	KYO
さ	SA	SI(SHI)	SU	SE	SO
	SYA SHA	SYI	SYU SHU	SYE SHE	SYO SHO
た	TA	TI(CHI)	TU(TSU)	TE	TO
	TYA CYA CHA	TYI CYI	TYU CYU CHU	TYE CYE CHE	TYO CYO CHO
	THA	THI	THU	THE	THO
な	NA	NI	NU	NE	NO
	NYA	NYI	NYU	NYE	NYO
は	HA	HI	HU(FU)	HE	HO
	HYA	HYI	HYU	HYE	HYO
	FA	FI		FE	FO
	FYA	FYI	FYU	FYE	FYO
ま	MA	MI	MU	ME	MO
	MYA	MYI	MYU	MYE	MYO
や	YA	YI	YU	YE	YO

ら	RA	RI	RU	RE	RO
	RYA	RYI	RYU	RYE	RYO
わ	WA	WI	WU	WE	WO
ん	NN	N			

Nに続けて子音を入力すれば，Nだけで「ん」となる。

が	GA	GI	GU	GE	GO
	GYA	GYI	GYU	GYE	GYO
ざ	ZA	ZI(JI)	ZU	ZE	ZO
	JYA ZYA JA	JYI ZYI	JYU ZYU JU	JYE ZYE JE	JYO ZYO JO
だ	DA	DI	DU	DE	DO
	DYA	DYI	DYU	DYE	DYO
	DHA	DHI	DHU	DHE	DHO
ば	BA	BI	BU	BE	BO
	BYA	BYI	BYU	BYE	BYO
ぱ	PA	PI	PU	PE	PO
	PYA	PYI	PYU	PYE	PYO
ヴぁ	VA	VI	VU	VE	VO

っ（促音）

後ろに子音を2つ続ける。
［例］　だった…DATTA

単独で入力するとき「L」または「x」をつける。
LTU (XTU)

本書に関するお問い合わせに関して

● 正誤に関するご質問は、下記いずれかの方法にてお寄せください。
　・弊社Webサイトの「お問い合わせフォーム」への入力。
　　https://www.jikkyo.co.jp/contact/application.html
　・「書名・該当ページ・ご指摘内容・住所・メールアドレス」を明記の上、FAX・郵送等、書面での送付。
　　FAX：03-3238-7717
● 下記についてあらかじめご了承ください。
　・正誤以外の本書の記述の範囲を超えるご質問にはお答えいたしかねます。
　・お電話によるお問い合わせは、お受けしておりません。
　・回答期日のご指定は承っておりません。
● 本書は、2019年6月のWord、Excelで編集されています。Microsoftにより予告なく仕様変更される場合がございますが、仕様変更に関するお問い合わせには対応は致しかねますので、あらかじめご了承ください。

Windows10対応
30時間でマスター　Word & Excel 2019

2019年　9月20日　初版第1刷発行
2025年　5月20日　　　第5刷発行

● 編　者　実教出版企画開発部
● 発行者　小田　良次
● 印刷所　大日本印刷株式会社
● 発行所　実教出版株式会社

表紙デザイン　松　利江子
本文デザイン　エッジ・デザインオフィス

本書の関連データがWebサイトからダウンロードできます。
https://www.jikkyo.co.jp/download
で「30時間でマスター Word&Excel」を検索してください。

〒102-8377　東京都千代田区五番町5
電話　03-3238-7765（営業）
　　　03-3238-7777（高校営業）
　　　03-3238-7751（企画開発）
　　　03-3238-7700（総務）
https://www.jikkyo.co.jp/

ISBN978-4-407-34838-5

Excel 2019 ▶ リボン一覧